Peter Edwin Brandt

Rhetorik
Wirkungsvoll und glaubwürdig reden

ONCKEN VERLAG WUPPERTAL UND KASSEL

GemeindePocketGuide

Herausgegeben von Michael Noss

Mit Karikaturen von Thees Carstens

Literaturverzeichnis

ARISTOTELES: Rhetorik. Übers. von F. G. Sievecke. UTB 1995.

BIRKENBIHL, VERA F.: Signale des Körpers. Körpersprache verstehen. Landsberg/Lech: mvg-Verlag, [13]1998.

CICERO, MARCUS TULLIUS: De oratore. Über den Redner. Lat.-Dt. Übersetzt und herausgegeben von Harald Merklin. Reclam 6884.

FEY, GUDRUN: Selbstsicher reden – selbstbewusst handeln. Rhetorik für Frauen. Regensburg; Bonn: Walhalla Verlag, 1996.

FEY, GUDRUN: Gelassenheit siegt! Mit Fragen, Vorwürfen, Angriffen souverän umgehen. Regensburg; Düsseldorf: Fit for Business, [3]2000.

FEY, GUDRUN u. HEINRICH: Redetraining als Persönlichkeitsbildung. Praktische Rhetorik zum Selbststudium und für die Arbeit in Gruppen. Regensburg; Düsseldorf: Fit for Business, [4]1999.

FEY, GUDRUN u. HEINRICH: Sicher und überzeugend präsentieren. Regensburg; Düsseldorf: Fit for Business, [2]1998.

MOLCHO, SAMY: Alles über Körpersprache. Sich selbst und andere besser verstehen. München: Sonderausgabe Mosaik-Verlag, 2001.

WAGNER, EBERHARD: Rhetorik in der christlichen Gemeinde. Christliches Verlagshaus Stuttgart, 1992.

WEISBACH, CHR.-R.: Professionelle Gesprächsführung. Ein praxisnahes Lese- und Übungsbuch. München: Verlag C. H. Beck, [3]1996.

© Oncken Verlag Wuppertal und Kassel 2001

Umschlag: Ralf Krauß, Remsek-Aldingen

Satz: Factory · B. Lieverkus, Remscheid

Druck: Druckhaus Harms, Groß Oesingen

ISBN 3-7893-7433-4

Bestell-Nr. 627 433

Inhaltsverzeichnis

Rhetorik in der christlichen Gemeinde?

Wie immer unser Auftreten in der Gemeinde, von der Bekanntmachung über die Mitarbeit in Gemeindegruppen, Appelle im Rahmen von Gemeindeversammlungen bis hin zur Predigt, definiert wird, es ist niemals völlig frei davon, immer auch ein menschlicher Überzeugungsversuch zu sein! Aus diesem Grunde brauchen wir auch und gerade in der christlichen Gemeinde die Rhetorik, so lange wir es neben der göttlichen Botschaft immer auch mit Menschen zu tun haben, denen diese Botschaft seit jeher gilt.

Wie können wir im Gemeindeleben so glaubwürdig und wirkungsvoll reden, dass gelungene Verständigung untereinander einmal mehr gelebt werden kann?

Dabei werde ich wie folgt vorgehen: Zunächst geht es im sich hier anschließenden Kapitel 1 um das Fundament, um Elemente wirkungsvollen Redens, die für unzählige Situationen gelten – ausgehend von der Frage: Wie können wir den anfänglichen Graben zwischen uns und den Zuhörenden überwinden? Im Anschluss daran, im 2. Kapitel, beschäftigen wir uns mit den entscheidenden drei Aufgaben jeder Rednerin und jedes Redners, im 3. Kapitel geht es um die Frage, wie Sie überzeugend auftreten. Praktische Tipps zu Vorbereitung, Gliederung und Durchführung erwarten Sie in Kapitel 4. Und wenn Sie wissen wollen, wie Sie mit Lampenfieber und schwierigen Situationen professionell umgehen sollen, dann freuen Sie sich auf das 5. Kapitel! Nützliche Tipps in Kürze für besondere Anlässe finden Sie im 6. Kapitel, bevor ich Ihnen im 7. Kapitel schließlich sage, wie Sie das Gelesene in die Tat umsetzen können.

Bei der Abfassung dieser Arbeit habe ich mich bemüht, den drei Grundregeln zu entsprechen, die zu beachten schon die Rhetorik der Antike von uns fordert: wir sollen docere, delectare, movere – lehren/informieren, unterhalten/erfreuen und bewegen. In diesem Sinne wünsche ich Ihnen jetzt interessante und motivierende Einblicke bei guter Unterhaltung!

Ihr *Peter Edwin Brandt*

1. »Du-zentriert« reden

Das Rhetorische Dreieck

Vermutlich hat es jeder von uns schon erlebt: Im Rahmen eines Kanzeltausches steht der Gastprediger sonntags vor der Gemeinde und versteht es durchaus, unsere Sympathie zu erlangen. So gelingt es ihm beispielsweise zu Beginn, mit einem Scherz die Gemeinde zum Schmunzeln oder gar zum Lachen zu bringen, und die anschaulichen Anekdoten über die Erlebnisse mit seinen Kindern sind auch irgendwie rührend: Ja, ja, so sind sie, unsere lieben Kleinen ... Doch als dieser Prediger dann in den restlichen 45 Minuten eine detaillierte und exegetisch sehr genaue »Vers-für-Vers-Predigt« präsentiert, ist der gewinnende Anfang schnell vergessen. Was bei einem Großteil der Gottesdienstbesucher hinterher bleibt, ist vermutlich ein ungutes Gefühl in der Magengegend nach dem Motto: »*Liegt's daran, dass der so ein Fachgenie ist, oder habe ich in den letzten Wochen intellektuell tatsächlich so abgebaut...?*« Oftmals lässt sich an den Themen der Gebete in einer anschließenden Gebetsgemeinschaft schon erahnen, wie viel die Gemeindebesucher von der Predigt verstehen und für ihren Alltag mitnehmen können. Mag sein, dass ausgebildete Theologinnen und Theologen im Anschluss an den Gottesdienst ganz entzückt sind ob der sorgfältigen Textauslegung des Predigers unter Einbeziehung der für das Textverständnis unbedingt erforderlichen relevanten Parallelstellen und historischen Hintergründe. Doch wie viele theologische Fachexperten gibt es durchschnittlich in einer Gemeinde? Denn auch das ist Realität: Bei dem anschließenden Kirchenkaffee im Gespräch höre ich eine junge Mutter empört zu ihrer Gesprächspartnerin sagen: »*Ich glaub, ich bin hier echt falsch – dafür stehe ich am Sonntagmorgen um halb sieben auf, mache meine vier Kinder fertig, fahre eine Dreiviertelstunde zur Gemeinde und freue mich auf einen von zwei (ungestörten) Gottesdiensten im Monat, und dann gehe ich mit dem Gefühl raus, ich sei irgendwie total blöd im Kopf. Was nehme ich denn heute konkret mit für meinen Alltag?*«

Was ist da passiert? Da ist der Redner der Thematik des Textes vielleicht gerecht geworden. Ebenso ist er authentisch geblieben, auch sich selbst als Redner gerecht geworden. Was hier nicht gestimmt hat, war der Bezug zum Hörerkreis. Diese Größe war sträflich vernachlässigt worden, da es sich hier um eine Versammlung von Menschen handelte, die zum Großteil auf ein Wort für sich persönlich und ihre jeweilige Situation gewartet hatten, auf einen Wink, einen Impuls. Den hatten sie an diesem Sonntag vergeblich herbeigesehnt. Gut gepasst hätte eine solche Predigt vermutlich im Rahmen eines Studenten-Gottesdienstes in einer Universitätsstadt mit einer renommierten theologischen Fakultät. Somit ist neben der Hörerfrage auch die Situation falsch eingeschätzt worden.

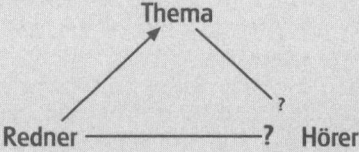

Oder stellen wir uns folgende Situation vor: Gemeindeversammlung im Anschluss an den Gottesdienst, immer noch der erste Tagesordnungspunkt, manche der älteren Besucher haben bereits den Bratenduft in der Nase und die Uhr im Auge. Da meldet sich – inmitten einer sachlichen Auseinandersetzung über Einzelheiten des geplanten Neubaus – ein Mitglied zu Wort und hält einen $4^{1}/_{2}$-minütigen, leidenschaftlichen Kurzvortrag über das Leid in der Welt, die noch zu missionierenden Indianer auf dem peruanischen Hochplateau und die mittellosen Straßenkinder von Mexiko-City. Warum stöhnen an dieser Stelle einige, können sich andere das Lachen nicht verkneifen? Diese Person ist sich selbst zwar treu geblieben, deshalb wird solch ein deplatzierter Vorstoß in der Regel auch nicht langfristig übel genommen: »*So ist er eben, da kann man nichts machen. Er meint es doch so gut.*« Auch die Hörerinnen und Hörer hatte diese Person fest im Blick:

Intensiver Augenkontakt, Untermalung durch Einsatz der Hände, vornehmlich des erhobenen Zeigefingers, lassen keinen Zweifel zu, dass die hier versammelte Gemeinde direkt angesprochen ist. Hier sind Thema und Situation verfehlt – mit der Folge, dass diese Person letztlich nicht wirklich zu den Menschen durchdringt.

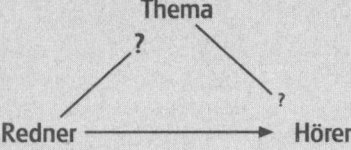

Schließlich ein Beispiel dafür, wie es aussehen kann, wenn wir im Gemeindealltag zwar dem Thema, der Hörerschaft und der jeweiligen Situation gerecht werden, aber nicht uns selbst als der redenden Person: Da moderiert ein in Beruf und Familie gestandener Mittvierziger einen Jugendgottesdienst. Er weiß, dass er die Zielgruppe der Teenager im Blick haben muss, um einen Draht zum Publikum zu bekommen. Deshalb redet er betont jugendsprachlich, verwendet ein Vokabular, welches normalerweise nicht zu seinem Wortschatz gehört. Dazu bewegt er sich betont lässig auf dem Podium und versucht auch durch seine Kleidung, dem Anlass gerecht zu werden. Obwohl dieser Mensch es so gut meint, sich so viel Mühe bei der Vorbereitung im Hinblick auf die spezielle Zielgruppe gibt, auch eng am Thema bleibt, springt der Funke nicht so richtig über – warum nicht? Viele der Zuhörer haben das Gefühl, dass der da vorne nicht authentisch ist. Vieles wirkt für sie wie aufgesetzt, teilweise empfinden es die jungen Leute einfach nur als »peinlich«. Nicht zuletzt für den Moderator selbst wird der Nachgeschmack bleiben, er habe sich und seine Stärken nicht so richtig entfalten können.

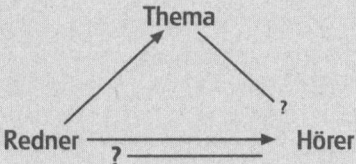

Das Spannungsfeld, in dem wir uns auch in der Gemeinde immer bewegen, lässt sich im so genannten **Rhetorischen Dreieck** darstellen:

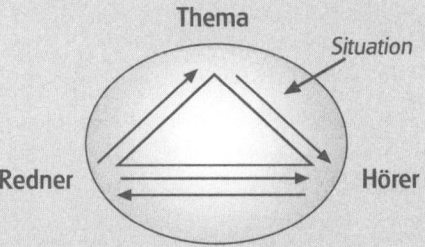

[vgl. G. Fey: Selbstsicher reden – Selbstbewusst handeln, Fit for Business-Verlag 2000, S. 85]

In der Vorbereitung auf einen Redebeitrag im Rahmen unserer Gemeindemitarbeit frage ich mich also:

- Wie **erreiche** ich den Hörerkreis? Womit tangiere ich die Lebenswirklichkeit der Hörer?

- Wie werde ich gleichzeitig **dem Thema gerecht**, wie bringe ich dieses Thema dem Hörerkreis näher?

- Wie bleibe ich als redende Person **authentisch**?

- Was ist **der jeweiligen Situation angemessen**?

Die Frage nach der Angemessenheit ist denn auch das wichtigste Kriterium bei der Analyse und Bewertung von Redebeiträgen jeder Art. Das, was im Rahmen eines Jugendgottesdienstes am Sonntagabend angemessen ist, muss zu einem Taufgottesdienst am Sonntagmorgen noch lange nicht passen. Aus diesem Grunde ist es auch gefährlich, Pauschalrezepte zu verteilen und jene – unabhängig von den oben genannten vier Faktoren – zum Maßstab zu machen.

Mit Blickkontakt zum Dialog

Zum einen fühlen sich die Menschen viel eher persönlich angesprochen, wenn sie auch angeschaut werden. In Rhetorik-Seminaren und Schulungen erlebe ich immer wieder, dass Teilnehmer erst über die Rückmeldung der zuhörenden Gruppe bzw. des Trainers sowie über die Videoaufnahme wahrnehmen, dass sie entgegen ihrer Selbsteinschätzung zu wenig oder gar keinen richtigen Blickkontakt halten. Wir sind oft so mit den Inhalten und deren Versprachlichung beschäftigt, dass wir mit unseren Blicken zwar irgendwie im Raum und über die Leute hinwegstreifen, aber keinen echten Augenkontakt aufnehmen. Für den echten, persönlichen Kontakt bedarf es schon eines Blickes von mindestens einigen Sekunden – nur so fühlt sich der Zuhörer als Individuum wahr- und in die Sache hineingenommen. Wenn Sie vor einer großen Zuhörergruppe sprechen, z.B. im Gottesdienst, dann gilt die Regel: Haben Sie von 200 Leuten 20 bis 30 richtig angesehen, dann fühlen sich die anderen automatisch mit angesprochen (vorausgesetzt, diese 20 bis 30 sitzen nicht alle in derselben Ecke des Raumes). Ohne diesen echten Blick- und Augenkontakt zu unseren Zuhörern verschenken wir ein entscheidendes Instrument wirkungsvollen, überzeugenden Redens. Ganz abgesehen davon wirken wir nach außen wesentlich sicherer, kompetenter und selbstbewusster, wenn wir den Blicken der Menschen begegnen und jene erwidern. Zum anderen sind Sie durch Blickkontakt auch dann mit der Hörerschaft in einem Dialog, wenn Sie gerade einen Monolog halten. Nutzen Sie die Möglichkeit echten Augenkontaktes, dann antwortet Ihr Gegenüber im Publikum nonverbal, also mittels Mimik, Gestik, Körpersprache allgemein (Nicken, Kopf-schütteln, Augen verdrehen, Lächeln usw.). So können Sie viel eher flexibel auf die jeweilige Stimmung eingehen, weil Sie sofort eine (nonverbale) Rückmeldung darüber haben, wie das von Ihnen Gesagte aufgenommen wird.

Auch in unseren christlichen Gemeinden erlebe ich oftmals eine gewisse Starrheit und fehlende Sensibilität für einen Dialog beim Reden. Da wird das vorher Zurechtgelegte und Vorformulierte von Anfang bis Ende vorgetragen – ungeachtet der Tatsache, dass durch die lange Predigt und die manchmal ausufernden Gruß-worte eine gewisse Ungeduld im Raum vorherrscht ... Nehme ich diese durch Blickkontakt wahr und reagiere ich darauf, indem ich z.B. spontan das eine oder andere weglasse, so rede ich du-zentriert. Registriere ich sie nicht, weil ich so mit meinem Reden und mir selbst beschäftigt bin, dann handelt es sich um das ich-zentrierte und wenig Erfolg versprechende Auftreten. Das ist leich-ter gesagt als getan – ich weiß! Wie alles andere auch ist das Re-den mit Blickkontakt zum Publikum eine Sache der Übung und des Trainings. Wenig Geübte werden sagen, die Konzentration auf das gesagte Wort mit gleichzeitigem Augenkontakt, ohne durch das Gesehene verunsichert zu werden, das sei schwer. Wie lässt sich das also in der Praxis umsetzen?

So frei wie möglich reden

Grundvoraussetzung für echten Blickkontakt ist, dass ich so frei wie möglich reden kann. Wahrscheinlich hat jeder von uns schon Redende erlebt, die so sehr auf ihre Notizen angewiesen waren, dass der Funke zwischen Redner und Zuhörern einfach nicht überspringen wollte. Außerdem wirkte die Person da vorne un-sicher und nicht besonders überzeugend im Auftreten. Das soll freilich nicht bedeuten, dass wir frei reden um jeden Preis – ich habe das andere Extrem auch schon erleben müssen: Leute, die so frei reden, so unglaublich frei, dass ihr Beitrag auch frei von Inhalt war ... Je nach Anlass kann es nützlich bis notwendig sein, einen Spickzettel dabeizuhaben. Niemand erwartet vom Prediger, dass er ganz ohne Stichworte auskommt. Und wenn ich im Rahmen der Bekanntmachungen die zwölf Mitglieder der Gemeinde und deren Geburtstage in der vorangegangenen Woche auswendig und in der richtigen Reihenfolge aufzähle, so wird das eher befremdlich anmuten und vom Inhalt meiner Aussage ablenken. Unter freier Rede verstehe ich auch das Reden nach Stichworten, sofern es uns erlaubt, uns immer wieder vom Manuskript lösen und durch Blickkontakt zum Publikum Reaktionen wahrnehmen und darauf reagieren zu können. In diesem Sinne reden wir also auch dann frei, wenn wir uns an einigen Stichworten orientieren. Das kann auf einem DIN-A6-Karteikärtchen sein, das können DIN-A5-Blätter für die Kanzel sein (DIN-A4 nur dann, wenn die nicht mit großem Geraschel und für viele sichtbar alle 4 Minuten umgeblättert werden ...), das kann auch eine Overhead-Folie mit Stichworten sein – gemäß dem Motto »Je größer Ihr Spickzettel, desto weniger fällt er als solcher auf«. Vorteile der DIN-A6-Karten sind, dass sie weniger in unseren zitternden Händen rascheln als ein DIN-A4-Blatt und weniger auffallen.

Übungen für die freie Rede

1. **Ablesen.** Bei lautem Vorlesen üben Sie, eine Hörerschaft anzublicken. Sie lesen kleine Abschnitte blitzschnell voraus und behalten sie im Gedächtnis.

2. **Inhaltswiedergabe kurzer Abschnitte**, und zwar a) möglichst wortgetreu (Gedächtnisschulung) und dann b) mit eigenen Worten (persönliche Wortausgestaltung).

3. **Reflektierendes Sprechen üben** anhand einiger Stichwörter.

4. **Erzählen üben**, anschaulich, packend (z.B. Begebenheiten, Anekdoten, Kurzgeschichten). Wenn Sie das üben wollen, dann erzählen Sie Kindern Märchen möglichst lebendig und dramatisch.

Drei Möglichkeiten, wie Sie vortragen können

1. Ablesen:
Angebracht, wenn es auf jedes Wort ankommt (z.B. rechtliche Fragen, Presseerklärung usw.), wenn der künstlerisch-ästhetische Aspekt eine Rolle spielt und bei feierlichen Anlässen.

Vorteile	Nachteile
Einhaltung der Redezeit gut möglich	Entlarvt Sie als Amateur
Anfänger fühlen sich sicherer	Wenig Blickkontakt möglich
Keine Angst davor, »dumm rauszuschwätzen«	Klingt oft monoton, Publikum schaltet ab
Rede kann vorher von jemandem überprüft werden	Erfordert vom Zuhörer extrem hohe Konzentration
	Wenig Körpersprache möglich, da Pult erforderlich
	Kein spontanes Reagieren auf Hörer

Entscheiden Sie sich dennoch für einen abgelesenen Vortrag, dann:

1. verfassen Sie ihn in Ihrem Sprechstil (*„Eine Rede ist keine Schreibe«*, Ludwig Reiners),

2. üben Sie den lebendigen Vortrag zu Hause, übertreiben Sie dabei bewusst, um ein Gespür für das Sprechen auf Wirkung zu bekommen.

2. Auswendig lernen:

Wenn Sie bei einer Gemeindefeier ein Gedicht oder Ähnliches vortragen.

Vorteile	Nachteile
Sie beeindrucken mit Ihrem Gedächtnis	(Gefahr: Imponiergehabe)
	Bei Blackout sind Sie ziemlich hilflos
	Es klingt oft monoton und langweilig
	Es verhindert Spontaneität

3. Freie Rede nach Stichworten:

Eignet sich für alle Arten von Redebeiträgen.

Vorteile	Nachteile
Sie sind flexibel, können sich aufs Publikum einstellen	Erfordert mehr Vorbereitungszeit
Es wirkt lebendig und natürlich	Einhaltung der Zeit oft schwierig
Fördert den Kontakt zu den Hörern	Formulierungen sind nicht immer präzise
Sie wirken glaubwürdig	Birgt Gefahr, wichtige Punkte zu vergessen

LMAA!

Zum du-zentrierten Reden gehört auch LMAA, die Abkürzung für:
Lächle
Mehr
Als
Andere.

Was ist damit gemeint? Sicher nicht ein »Dauergrinsen«, ebenso wenig ein Verlegenheitslächeln. Gemeint ist hier vielmehr eine freundliche und motivierte Ausstrahlung. Gemäß dem Sprichwort »Wie man in den Wald hineinruft, so schallt es heraus« ist unsere Aufgabe als Rednerinnen und Redner, die Freundlichkeit und die Motivation, die wir vom Publikum gerne zurückbekämen, selbst auszustrahlen. Übertragen wir die Gauß'sche Kurve der Normalverteilung auf unsere Redesituation und unseren Hörerkreis,

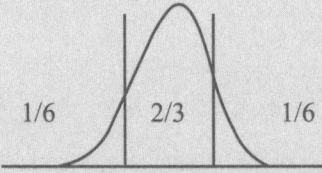

so können wir davon ausgehen, dass 1/6 der vor uns sitzenden Leute nur mäßig oder gar schlecht gelaunt ist (aus welchen Gründen auch immer). 1/6 der Zuhörer ist dagegen bestens gelaunt. Beide Gruppen sind für uns nicht so interessant, denn die einen wollen in Ruhe gelassen werden und die anderen sind ja schon da, wo wir sie gerne hätten. Wichtig für uns ist die breite Masse, 2/3 der Hörer, die sich noch nicht so entschieden haben, die ihre Laune abhängig machen von uns und unserem Auftreten. Und die beeinflussen wir enorm durch unser eigenes Auftreten (Gesicht, Mimik). Jeder von uns kennt wahrscheinlich Situationen, in denen wir uns anstecken ließen von der Freundlichkeit, der Motivation und der Spritzigkeit eines Referenten bzw. in denen sich die routinierte, wenig engagierte und lustlos wirkende Vortragsweise schnell wie eine bleierne Müdigkeit zu oft auch auf uns zu legen drohte. Auch wenn es in unseren Gottesdiensten sicherlich nicht primär darum geht, die Leute mit guter Laune in den Sonntag und die neue Woche zu entlassen, so bin ich oftmals doch erstaunt und erschüttert zugleich, wenn ich sehe, mit welch ernsten, lustlosen oder auch routiniert-gelangweilten Gesichtern wir manchmal auch im Gemeindeleben vor die Menschen treten. Können wir da im Ernst erwarten, dass etwas anderes aus der

Gemeinde zurückkommt? Dass etwas von der befreienden Liebe eines großen und guten Gottes deutlich wird? Damit sind wir nämlich schnell im Teufelskreis: Ich schaue ernst und streng, denn die Gemeinde tut es ja auch. Sie tut es aber, weil ich es tue. Und so kommen weder ich noch die Zuhörer aus dem Kreis heraus ...

Aus meiner Mitarbeit in der Gottesdienstmoderation weiß ich, wie »streng« und ernst so eine versammelte Gemeinde am Sonntagmorgen aussehen kann von da vorne. Ich weiß auch, wie schwer es ist, bei aller Anspannung und Konzentration trotzdem freundlich in den Raum zu gucken. Auch das andere erlebe ich aber immer wieder: wie ansteckend ein freundliches und motiviertes Gesicht wirkt. Deshalb: LMAA!

Bleiben Sie Sie selbst! – Mut zum eigenen Profil!

Bei allen Überlegungen, unsere Kommunikation mit anderen Menschen zu verbessern, ist eines besonders wichtig: Versuchen Sie keine Effekte zu erzielen, die nicht in Ihrem Wesen liegen. Wenn ich als gebürtiger Norddeutscher versuche, Schwäbisch zu schwätzen, nur weil ich seit acht Jahren in Tübingen lebe, dann wird das künstlich und aufgesetzt wirken, denn es liegt nicht in meinem Wesen. Ähnliche Gefahr lauert, wenn jemand besonders witzig und originell rüberkommen will, das von seiner Natur her aber gar nicht ist. Wir spüren ja auch sehr schnell, wenn jemand eine Rolle in einem Theaterstück spielt, die er überhaupt nicht mag bzw. der überhaupt nicht schauspielern mag. Unsere Zuhörerinnen und Zuhörer haben ein ganz feines Gespür dafür, ob die zu ihnen redende Person authentisch ist oder ob sie eine Rolle vorspielt. Der entscheidende Unterschied zwischen Schauspiel und Rede ist der, dass Sie als Schauspieler dann überzeugen, wenn Sie Ihre Rolle überzeugend spielen, d.h. sich vollkommen mit dieser fremden Rolle identifizieren. Als Redner überzeugen Sie ausschließlich durch Ihre Persönlichkeit, Ihre Authentizität. Alles Künstliche, Vorgespielte ist hier fehl am Platz. Letztlich überzeugen wir durch unsere Glaubwürdigkeit, nicht durch Perfektion!

Da treten in einer Gemeindeveranstaltung zwei Redner auf. Der eine ist geübt, redet wohl formuliert, fast geschliffen, lässt eine gewisse Struktur seines Beitrags durchschimmern, hält intensiven Blickkontakt, hält Pausen aus und steuert die Gemeinde über eine durchdachte und perfekt inszenierte Spannungskurve gezielt zum Höhepunkt, einem Lacher am Schluss. Danach die zweite Person. Sie fühlt sich sichtbar unwohl in ihrer Haut, zusätzlich noch eingeschüchtert durch den rhetorisch perfekten Auftritt des Gemeindeältesten vorher. Und doch ist das Anliegen dieser zweiten Person größer als alles Lampenfieber, als jede Unsicherheit. Sie hat etwas auf dem Herzen, und das will diese Person loswerden. Stockend zwar, nicht immer in vollständigen Sätzen, die Hände unsicher das Mikrofon umklammernd und das Mikrokabel drangsalierend, ab und an ein Verlegenheitslächeln und ein jähes, unerwartetes Ende mit zügigem, fast stolperndem Rückweg zum Platz. Die Überzeugungskraft, die Wirkung auf die Zuhörerschaft kann trotz wenig ausgeprägter rhetorischer Fähigkeiten bei der zweiten Person größer sein. Warum? Weil diese Person authentisch wirkte und absolut engagiert. So sehr ich natürlich auch der zweiten Person eine Schulung in Sachen Rhetorik empfehle, nicht zuletzt, damit solche Situationen mit weniger Stress verbunden sind, so gut kann die erste Person sie gebrauchen. Hier stellte die Perfektion die Glaubwürdigkeit in Frage, es wirkte zu glatt. **Perfektion schafft immer auch eine gewisse Distanz zum Hörer.** Bei allem Bestreben, auch in unseren Gemeinden immer professioneller zu werden, z.B. in Gottesdienstgestaltung, Gästewochen etc., dürfen wir eines nicht verlieren: unsere Glaubwürdigkeit durch Menschlichkeit! Das eine Extrem ist die lieblose, unvorbereitete Sponti-Aktion. Das andere Extrem ist die aalglatte, bis ins letzte Detail durchgeplante Profi-Show. Ich bin davon überzeugt, dass der »goldene Mittelweg« dazwischen liegt: Hier haben wir es noch mit Menschen zu tun, die Stärken und Schwächen haben, die aber ihre Sache sehr ernst nehmen, sich engagieren und ihr Bestes geben – und das ist durchaus gelungen. Bremsen wir also unser Streben nach Perfektion!

Dialekt?

Für manche Menschen – vorwiegend für die aus entsprechenden Gegenden Deutschlands – besteht ein Widerspruch zwischen Rhetorik und Dialekt. Sie haben den Eindruck, rhetorisch professionelles Auftreten vertrage sich nicht mit Sprechen eines Dialekts. »Bleiben Sie Sie selbst!« gilt aber auch hier. Unsere Herkunft und damit unsere Dialektfärbung gehören zu uns. Wer die zu vertuschen versucht, der beraubt sich eines Teils seiner Individualität. Außerdem weiß ich von vielen Seminarteilnehmern, dass es nicht nur unmöglich ist, die Dialektfärbung zu beseitigen, sondern auch viel zu viel Konzentration in Anspruch nimmt. Die Folge: Sie können sich nicht richtig entfalten, fühlen sich gehemmt, wirken nach außen unnatürlich und überzeugen in der Folge nicht. Unter dem Strich gilt:

> Dialektfärbung, z.B. Sprechmelodie, Betonung, Aussprache bestimmter Silben?
>
> *Ja, die gehört zu uns.*
>
> Breiter Dialekt, z.B. Ausdrücke, die andere gar nicht kennen, Gsells (schwäbisch für Marmelade), Teppich (schwäbisch für Decke)?
>
> *Je nach Publikum.*

Wenn Sie es in Ihrer Gemeinde mit Leuten zu tun haben, die Ihren Dialekt sprechen und verstehen, so werden auch Sie selbst im Dialekt viel eher den Kontakt zu den Hörern bekommen als jemand, der sich durch seine Aussprache schon als »fremd« outet. Bestimmt erinnern Sie sich auch an Leute, die durchaus einen Dialekt (oder Dialektfärbung) sprechen und die Sie dennoch (oder sogar gerade deswegen) als rhetorisch gut und professionell bezeichnen würden.

Maßstab ist und bleibt die Verständlichkeit für unsere Zuhörer!

Rednerpult und Kanzel?

Vorteile	Nachteile
Sie können sich abstützen, haben Halt	Kann als Unsicherheit interpretiert werden
Ablagemöglichkeit für das Manuskript	Wirkt als Barriere zu den Hörern hin
Wirkt je nach Situation festlich, offiziell	Kann starr und unbeweglich wirken
	Keine freie Entfaltung der Körpersprache

Rednerpult und Kanzel sind dann angemessen, wenn der Rahmen es verlangt, z.B. bei sehr feierlichen, offiziellen Anlässen. Für die Predigt werde ich die Kanzel eher benutzen, als wenn ich zu einer Gemeindeveranstaltung einlade. Im Allgemeinen geht der Trend auch in christlichen Gemeinden zu weniger Kanzelfläche, zu mehr Kontakt zu den Hörern. So ersetzen in vielen Kirchengemeinden nach Neubau oder Renovierungsarbeiten kleine Stehpulte – oft sogar mit durchsichtigem Glas – die traditionelle Kanzel.

Wenn der Rahmen nicht gerade ein Pult verlangt, dann reden Sie frei stehend vor Ihren Hörern, bauen Sie jegliche Barrieren ab (Pult, Tische usw.) und intensivieren Sie dadurch den Kontakt zu Ihrem Gegenüber. Unsere Zuhörer haben ein Recht darauf, uns ganz zu sehen! Je freier Sie stehen, desto sicherer und überzeugender wirken Sie nach außen, desto schneller springt der Funke von Ihnen aufs Publikum über!

Hörergerecht vorbereiten – den rhetorischen Takt wahren

Wann immer Sie vor anderen Menschen sprechen, immer bewegen Sie sich auf einem schmalen Grat zwischen vielen potentiellen »Fettnäpfchen«. Damit meine ich die Gefahr, unseren Zuhörern zu nahe zu treten, ihnen auf den Schlips zu treten. In einer Veranstaltung sagt der Moderator scherzhaft: »*Stellen Sie sich vor, meine Damen und Herren, Sie verlassen morgens das Haus, öffnen die Gartentüre und siehe da – Ihre Lieblingskatze liegt vier Quadratmeter breit auf der Straße ...*« Sofort schallendes Gelächter im Raum, einige der Anwesenden aber können nicht mitlachen; ihnen ist der Moderator mit dieser Bemerkung eindeutig zu nahe getreten – der Fettnapf! Auf seine etwas verunsicherte Nachfrage hin antwortet einer der Betroffenen: »*Ich liebe Katzen, habe selbst vier!*« Ruft ein anderer Lacher lauthals in den Raum: »*Haha, das macht dann 16 Quadratmeter, hahaha ...*« – kein Fettnapf mehr, sondern schon die Fritteuse!

Im Rahmen einer Großveranstaltung macht ein Redner vor mehreren tausend Zuhörenden eine Bemerkung, die für sich allein gesehen durchaus zum Schmunzeln anregen kann. Doch viele der Leute in der Halle fühlen sich unwohl – warum? Sie verstehen diese Äußerung vor dem Hintergrund einiger Geschehnisse im Vorfeld – und da vergeht einem das Schmunzeln. Diese Sensibilität angesichts dessen, *was* ich *wann*, *wie* und *zu wem* sage, können wir als »rhetorisch taktvoll« bezeichnen.

Im Überblick einige Tipps zum Umgang mit dem »rhetorischen Takt«:

Vorher

Genaue Höreranalyse:
Was kann ich wagen? – Welches Risiko gehe ich ein?

Während Ihres Beitrags

Auf Feedback (nonverbal/verbal) achten.
Durch Blickkontakt, Mimik, Gestik auf Reaktionen der Hörer reagieren:
Humor entschärft! Ironie nie!

Wenn wir uns gut auf die Situation und die Zuhörer einstellen und vorbereiten, dann werden wir die gröbsten Verstöße gegen den rhetorischen Takt vermeiden können. Ein Restrisiko bleibt immer, solange es den gläsernen Hörer nicht gibt. Für den Fall gilt: Signalisieren Sie, dass Sie den Fauxpas bemerkt haben, entschuldigen Sie sich kurz oder – in besonders schweren Fällen – sprechen Sie mit der betreffenden Person unter vier Augen in der nächsten Pause oder am Schluss. Ausführliche Thematisierung in der großen Versammlung nur dann, wenn der überwiegende Teil Sie als Fettnapftreter empfindet!

Im Zweifelsfall lieber eine Stufe niedriger auf der Provokationsskala, insbesondere dann, wenn Sie Ihre Zuhörer noch nicht so genau einschätzen können. Steigern können Sie sich immer noch!

Hirngerecht sprechen

Unser Großhirn besteht aus zwei Hälften, der linken und der rechten Hemisphäre.

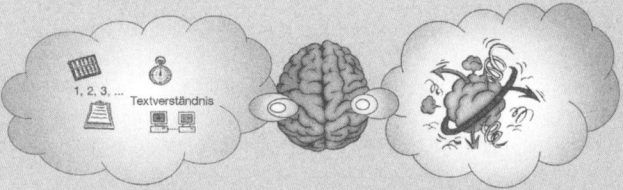

Sehr vereinfacht gesagt, ist jede dieser Hemisphären für andere Aufgaben zuständig. Befindet sich in der linken Hemisphäre das Sprachzentrum und damit die »Zuständigkeit« für Sprache, rationales Denken, logisches und analytisches Vorgehen, Rechnen usw., so steuert die rechte Hirnhälfte alles Bildliche, unser Vorstellungsvermögen, Phantasie, Intuition, Kreativität. Entgegen allen Gerüchten, Männer hätten nur die linke und Frauen ausschließlich die rechte Hemisphäre, finden wir bei beiden Geschlechtern beide Hirnhälften – wenngleich wir durchaus unterschiedliche Stärken und Schwächen vermuten können. Der wissenschaftlich forschende Mathematiker braucht von Berufs wegen schon eine sehr stark ausgeprägte linke Hirnhälfte, der bildende Künstler dagegen ist auf die rechte Hemisphäre besonders angewiesen. Wir werden in der Regel schon recht früh auf die Fertigkeiten der linken Seite trainiert, was zur Folge hat, dass Erwachsene später im Berufsleben Kurse zu Kreativitäts- und Gedächtnistechniken besuchen, da sie in diesen Bereichen ein starkes Defizit verspüren.

Was meint jetzt der Rhetoriker, wenn er sagt, man solle »hirngerecht sprechen«? Ein Beispiel mag das verdeutlichen: Folgende Geschichte können Sie einem anderen Menschen, der offen ist für ein kleines Experiment, in recht hoher Geschwindigkeit erzählen. Ihr Gegenüber soll sich die Geschichte merken und diese dann wiedergeben. Wichtig dabei: Lassen Sie Ihre Hände *unbenutzt* auf dem Rücken verschränkt liegen! Sind Sie bereit?

»Ein Zweibein sitzt auf einem Dreibein und isst ein Einbein. Da kommt ein Vierbein und klaut dem Zweibein das Einbein. Da nimmt das Zweibein das Dreibein und wirft nach dem Vierbein.«

Ich bin gespannt, wie viele Leute Sie finden werden, denen es gelingt, diese Geschichte auf Anhieb zu wiederholen (ohne dass sie die Story kennen ...). Warum aber können es die meisten Menschen nicht? Weil wir die Geschichte nicht hirngerecht erzählt haben. Wir haben die linke Hemisphäre unseres »Versuchskaninchens« angeregt, indem wir Zahlen, Daten und abstrakte Fakten lieferten. In der Regel fehlt unserem Gegenüber das konkrete Bild, eine genaue Vorstellung, ohne die das Ganze leblos ist – vor lauter Beinen sieht man nichts anderes mehr. Im nun folgenden zweiten Durchgang erzählen Sie die Geschichte erneut, nun aber hirngerecht, indem Sie Ihrem Gesprächspartner eine Art Kopfkino ermöglichen, Arbeit für dessen rechte Hirnhälfte. Das gelingt Ihnen, wenn Sie Ihre Gestik einsetzen und jeweils mit Bewegungen das zeigen, was Sie abstrakt gerade erzählen:

> »*Ein Zweibein* (Sie zeigen auf sich) *sitzt auf einem Dreibein* (Sie formen mit den Armen einen runden Hocker und setzen sich drauf) *und isst ein Einbein* (Sie formen mit Ihrer Hand einen Hähnchenschlegel und knabbern den ab). *Da kommt ein Vierbein* (Sie gehen auf allen vieren und bellen) *und klaut dem Zweibein das Einbein* (Sie gucken sehr erstaunt dem gestohlenen Essen hinterher). *Da nimmt das Zweibein* (Sie zeigen auf sich) *das Dreibein* (Sie formen den runden Hocker und nehmen ihn in die Luft über Ihren Kopf) *und wirft nach dem Vierbein* (Sie machen eine werfende Bewegung in Richtung Hund und jaulen abschließend).«

Nach dieser »hirngerechten« Erzählvariante wird Ihrem Gegenüber der eine oder andere Kronleuchter aufgehen: Wir verstehen die Geschichte jetzt nicht nur wesentlich besser und schneller – wir können sie uns auch besser merken und weitergeben.

Wie lässt sich hirngerechtes Reden im Alltag verwirklichen, wenn wir nicht jedes Mal bellend auf allen vieren über den Boden kriechen wollen?

- Durch **jede Form der Körpersprache** inkl. Mimik (zeigen, deuten, formen, unterstreichen usw.)

- Durch **Analogien:** »*Sie können sich das vorstellen, wie ...*«; »*Das ist so, als wenn ...*«

- Durch **Beispiele, Anekdoten, Zitate, Erlebnisse**

- Durch eine **bildhafte Sprache**, die Situationen und Geschehnisse gleichsam vor Augen malt

**Wo im Gemeindeleben finden wir Beispiele
für die Berücksichtigung dieser hirnbiologischen
Gegebenheiten?**

- Im Kindergottesdienst werden biblische Geschichten spannend verpackt und in Bildern erzählt. Am sonntäglichen Mittagstisch staunen die Erwachsenen oftmals, wie detailliert ein Kind die Geschichte wiederzugeben vermag. Und wehe, wir vergessen in einer Geschichte, die das Kind bereits kennt, eine Kleinigkeit – der Protest ist groß! Die Bilder bleiben im Gedächtnis haften ...

- In meiner Heimatgemeinde gab es ein junges Ehepaar, das die ersten 15 Minuten des Gottesdienstes bewusst so gestaltete, dass auch Kinder, die anfangs mit dabei waren, sich im Gottesdienst der Erwachsenen angesprochen fühlten: mit einem Papagei, der recht vorlaut die Gedanken und Fragen der Kleinsten in der Gemeinde repräsentierte und sie dann lautstark artikulierte – nicht zuletzt auch zur Freude der Erwachsenen. Es gab nicht nur etwas zu hören und kognitiv zu verarbeiten, sondern man hatte etwas leibhaftig und bildlich vor sich, sogar zum Anfassen ...

- Der Prediger beginnt seine Predigt mit einem überdimensionierten Pfeil aus Pappe, den er abwechselnd mit der Spitze nach oben oder unten hält – angelehnt an die Börsennachrichten im Fernsehen. Vor diesem anschaulichen Hintergrund wird das in der Predigt Ausgeführte besonders deutlich und einprägsam ...

- In einer Predigt über den Leib und die vielen Glieder dient ein altes Wagenrad mit Holzspeichen dazu, zu veranschaulichen, was es heißt, wenn jede einzelne Speiche in der Mitte verankert ist und von dort in die Peripherie ausgeht. Deutlich wird, was es für die Stabilität des Ganzen bedeutet, wenn einzelne Speichen schadhaft sind oder ihren Kontakt zur Mitte verloren haben ...

- An anderer Stelle malt eine Pastorin das Bild einer »Instant-Gesellschaft« vor das innere Auge der versammelten Gemeinde – und damit das Bild einer Gesellschaft, die das Individuum zum Maßstab aller Dinge macht, die nach sofortiger »Löslichkeit« und Erfüllbarkeit aller Wünsche und Bedürfnisse strebt ...

- Im Rahmen eines Gottesdienstes für Kirchendistanzierte untermalt jemand die Kerngedanken mit jeweils passenden Cartoons auf Overheadfolien ...

- In der Anmoderation zum Thema »Der verlorene Sohn« während einer Gemeindefreizeit stürmt ein junger, gut gekleideter Mann in den Raum, wirft mit Monopoly-Geldscheinen um sich, ein anderer folgt ihm und ruft dabei immer und immer wieder: »Der ist mein Freund – der hat Geld, viel Geld. Ja, ich bin dein Freund.« Zu den Kindern rufend: »Kommt mit, Kinder, der ist auch euer Freund – der hat wahnsinnig viel Geld!« Mit den spätestens jetzt neugierig gewordenen Kindern im Schlepptau geht es in den Kindergottesdienst, während sich die Erwachsenen mit der Spannung beschäftigen zwischen falschen Freunden, fragwürdiger Anerkennung in der Welt (solange Geld vorhanden ist) einerseits und echter Liebe und Zuneigung im Vaterhaus andererseits ...

Diese Reihe von Beispielen ließe sich beliebig fortsetzen. Ob es die äußere Anschauung ist, wie z.B. in Form eines üppig gedeckten Tisches zum Erntedankfest, oder ob wir die innere Anschauung nutzen über Bilder, die wir im Kopf der Menschen entstehen lassen durch unsere Worte (*„Stellen Sie sich mal einen Menschen vor, der ist ... und lebt in einer Zeit, in der ..."*) – beides ist äußerst wirkungsvoll und deshalb unverzichtbar, wenn wir du-zentriert reden wollen.

Welche Beispiele für »hirngerechtes Reden« im Gemeindealltag fallen Ihnen noch ein?

Ein weiteres interessantes Phänomen, hirnbiologische Konsequenzen für unsere Wortwahl, behandle ich im Kapitel 3, S. 46.

2. Ohr, Hirn und Herz –
drei Aufgaben beim Reden

Bereits vor gut 2000 Jahren unterscheidet *Marcus Tullius Cicero*, einer der größten Redner der Geschichte, folgende Hauptziele eines Redners mit den jeweils dazugehörigen Redegattungen:

Überzeugen	Informieren	Unterhalten
lat. *movere*	lat. *docere*	lat. *delectare*
(bewegen,	(belehren, aufzeigen)	(erfreuen)
mitreißen) von:	über:	zum:
Vorgehensweisen	Sachverhalte	Lachen
Entscheidungen	Probleme	Schmunzeln
Lösungen	Situationen	Nachdenken
...	Vorgänge, Abläufe ...	Erinnern...

Je nach **Art der Rede** ist **eine** der Aufgaben Schwerpunkt:

Meinungsrede	Sachvortrag	Festansprache
z.B.	z.B.	z.B.
Wahlrede	Präsentation	Jubiläumsrede
Diskussion	Fachvortrag	Hochzeitsspruch
Predigt	Information	Gruß, Glückwunsch
Verhandlung	Bericht	Erzählung
...	...	...

Merke: Reden ist mehr als Informieren!

Alle drei Redegattungen finden wir im Gemeindeleben wieder: In der Predigt, Andacht oder im Überzeugungsstatement für mehr Mitarbeiter am Gemeindestand in der Fußgängerzone geht es schwerpunktmäßig jeweils um das *movere*, um das **Herz** der Zuhörer. Leute sollen angesprochen und bewegt werden.

In der »Bibelstunde«, in der der Pastor den Hintergrund des Textes beleuchtet und wichtige Hintergrundinformationen gibt, geht es in der Hauptsache um das *docere*, um das **Hirn** der Menschen. Der Zuhörende soll Informationen und Fakten zum besseren Verständnis des Textes erhalten.

Schlägt jemand im Rahmen einer Geburtstags-, Gemeinde-, Jubiläums- oder Hochzeitsfeier an sein Glas, so erwarten die Leute in der Hauptsache, dass sie gut unterhalten werden – vorausgesetzt, es handelt sich hier nicht um den Pastor, der seine noch ausstehende Andacht startet ... Hier geht es im Wesentlichen um das *delectare*, um das **Ohr** der Zuhörer. Vermutlich haben Sie auch schon einmal erlebt, dass Redende in solchen Fällen gerne belehren, gut gemeinte Ratschläge geben, die versammelte Festgemeinschaft mit Informationen zudecken – ansteckend, wie das ist, bleibt es meistens nicht bei einem Redner ... Es versteht sich von selbst, dass die Aufmerksamkeit und die Begeisterung der Leute sich in Grenzen halten.

Je nachdem also, welches Hauptziel ich verfolge, wird der eine oder andere Schwerpunkt angemessen sein.

Das Geheimnis wirkungsvollen Redens liegt nach Cicero in der richtigen Mischung von Ohr, Hirn und Herz! Denn, so Cicero, wir haben es ja immer mit Menschen zu tun, die weder ausschließlich aus Verstand bestehen noch nur von Gefühlen und Emotionen regiert werden.

Dem Menschen als Menschen werden wir als Rednerinnen und Redner erst da wirklich gerecht, wo wir alle drei Ebenen – freilich mit unterschiedlichen Gewichtungen – ansprechen. Es kann schon recht einseitig und anstrengend sein, wenn die predigende Person 25 Minuten ausschließlich das Gefühl der Hörerschaft anspricht, z.B. durch übertriebenen Einsatz von Pathos. Wie wohltuend, wenn auch das Hirn Nahrung bekommt, indem z.B. der Text als solcher gewürdigt und näher betrachtet wird, indem Informationen zur Entstehungszeit gegeben werden: »*Im Judentum galt es als Unverschämtheit, sich zu Lebzeiten des Vaters bereits das Erbe ausbezahlen zu lassen – es hieß, man sehne sich den Tod des Vaters herbei.*« Genauso fatal wäre es jedoch, den Schwerpunkt einer Predigt auf das *docere*, auf Hirn und Verstand, zu legen. Vermutlich kennen Sie auch Predigten, die ihr alleiniges Ziel offensichtlich im Dozieren sehen – abgesehen davon, dass die anstrengend wie eine Vorlesung sein können, hat der Gottesdienstbesucher hinterher allenfalls einen Wissenszuwachs zu verzeichnen. Ob sich aber in seinem Leben etwas nachhaltig verändern wird, bleibt fraglich. Ohne die Neugier, über das Ohr geweckt, und ohne die Einsicht der Relevanz für mein Leben, über das Herz motiviert, schaltet irgendwann auch das »wissenshungrigste« Hirn ab. Ebenso aus eigener Erfahrung wissen Sie, dass einer Predigt ohne Erlebnisse, Geschichten, Anekdoten und Begebenheiten, ohne das unterhaltsame Element des *delectare* also, eben das gewisse Etwas fehlen kann. Andererseits beobachte ich in vielen Gemeinden einen regelrechten Trend zu Unterhaltung und Show. Aus dem gut gemeinten Bestreben heraus, auch das unterhaltsame Element mehr zu berücksichtigen, insbesondere um Kirchendistanzierte zu erreichen, verschiebt sich der Schwerpunkt an vielen Stellen m.E. gefährlich zu Gunsten des *delectare*. Wenn uns der Zeitgeist »Unterhaltung, Animation, Show und Konsum« auch in den Gemeinden dahin gehend prägt, dass in der Verkündigung beispielsweise sich eine Anekdote an die andere reiht, ein Lacher den anderen ablöst und die Gedanken der Besucher auf Nebensächlichkeiten gelenkt werden, dann ist es höchste Zeit, das eigentliche Ziel meines Redens neu zu überdenken. Ich bin fest davon überzeugt, dass weder Gemeindeglieder noch Gäste sich deswegen auf den Weg zu uns machen, um sich gut unterhalten zu lassen – dafür ist das Angebot auf dem Markt groß genug! Sie wollen vielmehr angesprochen, zum Handeln bewegt, ermutigt, provoziert oder getröstet werden – und wenn das auf unterhaltsame Weise geschieht, dann ist es gut. Unsere »Kernkompetenz« ist nicht die Unterhaltung um der Unterhaltung willen. Was unsere Zeit braucht, sind Menschen, die das zwar können und auch tun, jedoch wohl dosiert und immer mit dem Ziel, über diese Schiene des **Ohres** an **Kopf** und vor allem **Herz** der Menschen heranzukommen.

Damit uns das gelingt, brauchen wir das richtige Mischungsverhältnis zwischen *Informieren*, *Unterhalten* und *Bewegen*, *Mitreißen*. Um jenes zu treffen, kann uns das »rhetorische Dreieck«

eine gute Orientierungshilfe sein: Was ist dem Thema, der Situation, der Hörerschaft und mir selbst gegenüber angemessen? Zu oft erlebe ich auch in unserem Gemeindealltag, dass die Schwerpunkte falsch gesetzt werden:

- Weil viele das Grußwort als Predigt oder Vortrag missbrauchen, ist es uns oft ein Gräuel.

- Das ist auch die Gefahr bei der Gottesdienstmoderation, nämlich dass daraus eine zweite Predigt wird.

- Oder denken wir an Predigten, die seicht unterhaltend dahinplätschern und (glücklicherweise?) keinen ernsten Anspruch an mich und mein Leben stellen – kann es sein, dass deswegen diese Art zu predigen teilweise auf wenig Kritik stößt? Wie weit dient das in der Gemeinde Gesagte den Menschen, wenn wir in erster Linie danach streben, jenen zu gefallen?

- Selbst in den Bekanntmachungen und Ankündigungen, für viele ein trockenes Thema an sich, können wir neben der reinen Faktenübermittlung noch ein unterhaltsames, motivierendes oder gar mitreißendes Element unterbringen:

SO?	ODER SO?
Am Montagabend, dem 19. November, 18.00 Uhr, trifft sich die Frauengruppe. Thema: Die Frau zwischen Familie, Beruf und Gemeinde.	*Ein wichtiger Termin für alle Frauen und Mütter, die sich auch schon häufiger gefragt haben, wie und ob sie allen Ansprüchen gerecht werden sollen, die Familie, Beruf und Gemeinde an sie stellen. Möglichkeit zum Austausch mit anderen, denen es genauso geht, haben Sie am Montag, dem 19. November, um 18.00 Uhr im Gemeindehaus. Für das Einstiegsreferat konnten wir Frau Dr. XY aus Z gewinnen, vielen von Ihnen wahrscheinlich bekannt aus ... und durch ...*

Folgende Reihenfolge zwischen Ohr, Hirn und Herz hat sich
bewährt:

1. Ohr
2. Hirn
3. Herz

Wir beginnen mit einem motivierenden Einstieg, dem so genannten Ohrenöffner. Der soll neugierig und Lust auf mehr machen.
Wenn die Leute motiviert bei der Sache sind und uns gerne zuhören, dann sprechen wir das Hirn, den Verstand an. Jetzt geht es
um Informationen, Fakten, Daten, Fachliches. Im Anschluss daran
wechseln wir auf die Gefühlsebene, indem wir an die Emotionen
appellieren. Nehmen wir an, Sie wollten sich als Person in der
Gemeinde oder im Berufsleben vorstellen, dann könnte eine Gliederung nach rhetorischem Vorbild wie folgt aussehen:

Ohrenöffner

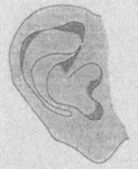

- Persönliches Motto
- Gag oder Witz
- Wortspiel
- Situativer Einstieg

Nachname – Vorname – Nachname

➡ Mein Name ist Brandt, Peter Edwin Brandt.

Berufliche Informationen

➡ Beruf

➡ Tätigkeit

➡ Werdegang (?)

Persönliche Informationen

➡ Herkunft (?)

➡ Wohnort (?)

➡ Familie, Familienstand (?)

➡ Alter (?)

➡ Persönliche Interessen, Hobbys

➡ Haustiere (?)

Erwartungen, Wünsche in der jeweiligen Situation?

Schlusswort

➡ Hoffen oder wünschen

➡ Danke

Ein solches Vorgehen ist im Grundsatz ebenso sinnvoll denkbar für andere Redegattungen, z.B. Predigt, Andacht, Grußwort, Kindergottesdienst, Meinungs- bzw. Überzeugungsredebeiträge usw.

Beispiel Grußwort: »*Wenn du, lieber XY, nach bald 20 Jahren in unserer Gemeinde heute deine verantwortungsvolle Tätigkeit in andere Hände gibst, dann – so finde ich – hat die hier versammelte Festgemeinde ein Recht darauf, in unser beider Geheimnis eingeweiht zu werden. Lange genug haben wir es gehütet. Mögest du es mir nachsehen, wenn ich es hier und jetzt lüfte. (OHR).*

Als wir uns damals kennen lernten, war die Situation in den Gemeinden folgende: ... (HIRN).

Was mich an dir immer ungemein beeindruckt hat, war deine Art, mit Konflikten umzugehen. Für meine eigene Arbeit wie für mein Glaubensleben lernte ich bei dir ... Und ich wünsche uns als Gemeinde, dass wir eines auch in Zukunft nie vergessen ... (HERZ).«

3. Überzeugend reden und auftreten

Glaubwürdigkeit statt Perfektion

Die Überzeugungsmittel nach *Aristoteles* sind:
> *ethos* (sittliche Einstellung)
> *pathos* (Leidenschaft)
> *pragma/logos* (Sache/Argumentation)

ethos

»Geld verloren, nichts verloren. Vertrauen verloren, alles verloren.«
(Robert Bosch)

Das Schlimmste, was uns passieren kann: Menschen vertrauen uns nicht mehr, weil wir unsere Glaubwürdigkeit in ihren Augen verloren haben. Dieser Schaden ist i.d.R. irreparabel.

pathos

Es genügt nicht, von unserer Sache überzeugt zu sein – wir müssen genau das auch zeigen!

Wir brauchen die Gabe, während unseres Redens menschliche Sympathie zu gewinnen und während der Rede zu erhalten.

Gefühle sind ansteckend – die Gefühle, die ich bei meinen Zuhörern wecken will, muss ich zunächst einmal selber empfinden und ihnen Ausdruck geben. Will ich Menschen in der Gemeinde von etwas überzeugen, das mich persönlich begeistert, dann gelingt das umso besser, je mehr man mir meine Begeisterung abspürt. Will ich in einer Predigt Betroffenheit auslösen, dann muss die Gemeinde mir meine Betroffenheit abspüren. Gelingt das nicht, dann lässt sich dieses Defizit durch keine noch so rhetorisch ausgefeilte und perfekte Redeweise kompensieren!

pragma

Wer Fachwissen, Zahlen, Daten und Fakten als Überzeugungsmittel überbewertet, wirkt auf andere leicht »schulmeisterlich« oder gar rechthaberisch. An vielen Stellen reagieren Menschen in der

Gemeinde »allergisch«, wenn sie den Eindruck gewinnen, jemand versuche sie zu belehren. Unabhängig vom Ton, der auch hier bekanntlich die Musik macht, reicht oft schon ein übermäßiger Einsatz von *pragma* und *logos*. Deshalb wohl dosiert einsetzen! Besser ist es oft, mein Fachwissen im Hintergrund zu behalten und nur bei Bedarf zielgerichtet einzusetzen.

> **Sie überzeugen mit Glaubwürdigkeit und nicht mit Perfektion! Perfektion schafft immer auch eine gewisse Distanz zum Hörer!**

Im Gemeindealltag wie im Berufsleben erlebe ich immer wieder selbst und bei anderen, dass der Kontakt zu den Menschen, die ich erreichen will, oft viel eher dann zustande kommt, wenn ich als Mensch mit der einen oder anderen Schwäche und Unzulänglichkeit auftrete – und eben nicht in den Situationen, in denen alles glatt nach Plan und bester Vorbereitung läuft. Sollen wir also absichtlich schlechter reden als wir eigentlich könnten, sollen wir uns am Ende gar nicht mehr vorbereiten? Natürlich nicht! Um es hirngerecht zu tun, hier folgendes Beispiel:

In der Gottesdienstmoderation habe ich manchmal den Eindruck, ein Versprecher, der die Leute amüsiert, ein Kind, das ungeplant in meine Anmoderation spricht, ein kurzes »Blackout«, das überwunden werden will, alles das tut meiner Überzeugungskraft keinen Abbruch, wenn ich dabei ich selbst bleibe. Letzteres ist ja häufig gerade in solchen uns überraschenden Situationen der Fall – deshalb wirken wir glaubwürdig. (Stellen Sie sich zwei Redner in Ihrer Gemeinde vor: Beide verhaspeln sich und zeigen eine Unsicherheit. Der eine steht dazu und geht damit ganz natürlich um, lacht z.B. über sich selbst, lacht mit, wenn die Gemeinde lacht. Der andere bemüht sich die Unsicherheit zu überspielen, verzieht keine Miene, macht umso ernster weiter, redet schneller und lauter, um die Gemeinde zu übertönen. Welche Person ist Ihnen sympathischer? Wer wirkt glaubwürdiger und damit überzeugender auf Sie?)

Mit drei Wirkungsfaktoren zur Glaubwürdigkeit

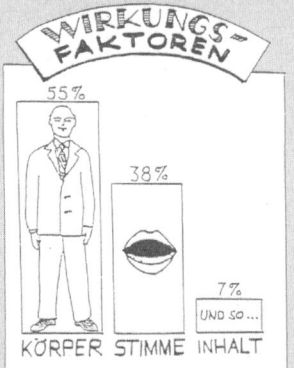

Nach Professor Albert Mehrabian von der University of California wirken Aussagen im direkten Gegenüber durch

Wortwahl	7 %
Klang der Stimme	38 %
Aussehen und Körpersprache inkl. Mimik	55 %

[Prof. Albert Mehrabian: Silent Messages, 1971.]

Diese Verteilung wird dann interessant und vor allem relevant, wenn eine Inkongruenz im Verhalten vorherrscht, d.h. wenn das, **was** eine Person sagt (inhaltlich), nicht mit dem übereinstimmt, **wie** sie das äußert (Tonfall und Körpersprache/Mimik). Glaubwürdig und damit überzeugend sind wir also nur dann, wenn wir kongruent kommunizieren, wenn alle drei Wirkungsfaktoren übereinstimmend dasselbe ausdrücken. Ist dies nicht der Fall, dann glauben die Menschen immer zuerst dem, was sie sehen (Körpersprache, Mimik), wie sie es hören (Tonfall), und erst ganz zum Schluss dem, was sie hören (Inhalt).

Unstimmigkeit weckt Misstrauen!

◆ Sängerinnen und Sänger eines gemischten Chores singen »Freude, Freude über Freude«. Einige strahlen dabei diese Freude aus und reißen die Münder weit auf, andere bekommen die Lippen kaum auseinander und gucken in den Gemeinderaum, als seien sie gerade aufgewacht oder hätten einen Groll auf die Chorleiterin. Was wird uns eher überzeugen, uns auch auf den Inhalt einzulassen? Wem nehmen wir die Botschaft eher ab?

- In einer Freikirche gibt jemand ein Glaubenszeugnis, in welchem er begeistert von seiner Erfahrung mit dem lebendigen Gott erzählt. Obwohl dieser Redebeitrag rhetorisch durchaus noch ausbaufähig ist, hat er die zuhörende Gemeinde »gefesselt«. Die Botschaft kommt rüber, die Menschen sind angesteckt von seiner Begeisterung. Hier hat jemand auf der ganzen Linie überzeugt – warum ...?

- Sonntag, 10.00 Uhr, mit einem todernsten Gesicht und leiser, zögerlicher Stimme begrüßt jemand die Kirchengemeinde zum Gottesdienst mit den Worten: »*Freuet euch! Und abermals sage ich: Freuet euch!*« Wie glaubwürdig ist das? Gingen wir nur nach dem Inhalt, so müssten wir sagen, wir glauben der Person. Dieses jedoch fällt uns schwer, da alles andere an der Person den Worten widerspricht.

- Im Anschluss an eine Gemeindeveranstaltung reagiert ein Gemeindeglied im persönlichen Gespräch mit Ihnen plötzlich irgendwie merkwürdig – Sie haben den Eindruck, die Person zieht sich zurück und beendet das Gespräch ganz unvermittelt. Auf Ihre Frage: »*Ist was? Bin ich dir eben zu nahe getreten?*«, antwortet Ihr Gegenüber barsch und mit grimmigem Gesicht: »*Nein, meine Güte, ich habe nichts – ist es damit jetzt gut oder was?*« Glauben Sie es? Warum nicht?

- Sie verbringen Ihren Urlaub im Ausland und begegnen einem Einheimischen, der laut sprechend und heftig gestikulierend auf Sie zutritt. Obwohl Sie nicht verstehen, *was* derjenige sagt, weil Sie der Landessprache nicht mächtig sind, so werden Sie trotzdem schnell entscheiden können, ob Ihnen der Mensch wohlgesonnen ist oder nicht – die Sprechweise, der Tonfall und Körpersprache mit Mimik machen es möglich.

Welche Beispiele fallen Ihnen noch dazu ein?

Unser Ziel ist es somit, kongruent aufzutreten und jegliches Misstrauen uns gegenüber zu vermeiden. Nun kann es allerdings sein, dass wir an der einen oder anderen Stelle nach außen Unstimmigkeit vermitteln, ohne das selbst zu merken. Aus Coachinggesprächen und Rhetorikseminaren weiß ich, dass Menschen manchmal ganz unglücklich darüber sind, dass die Botschaft, von der sie andere überzeugen wollen, nicht immer so richtig rüberkommt – und das, obwohl sie sich inhaltlich sehr sorgfältig vorbereiten. Sehr oft liegt es dann am Auftreten der Person, an Körpersprache und Mimik. Aus einer gewissen Unsicherheit heraus wirkt die Person z.B. fahrig oder zerstreut, vielleicht sogar unbeholfen. In solchen Fällen kann der Inhalt nicht so wirken, wie er wirken könnte, wenn uns die Begleiterscheinungen im gesamten Auftreten der redenden Person nicht davon mehr oder weniger stark ablenken würden.

Ich erinnere mich an einen Besuch in einer Gemeinde, in der die Einsetzungsworte zur Abendmahlsfeier von einer Person gesprochen wurden, die in der »Büßerhaltung« vor der versammelten Gemeinde stand, d.h. die Füße eng zusammen, die Arme vor dem Intimbereich verschränkt. Leider kann ich diese Haltung überdurchschnittlich häufig im »frommen« Bereich sehen. Vermutlich soll es feierlich oder andächtig wirken – auf mich wirkt es nur unbeholfen oder »möchtegern-andächtig«, manchmal auch einfach lächerlich. Hinzu kam, dass die redende Person da vorne sehr langsam und bedächtig, zuweilen pathetisch-feierlich sprach. Dieses Erscheinungsbild machte es mir eine Zeit lang unmöglich, mich auf den eigentlichen Inhalt zu konzentrieren – zu unnatürlich wirkte diese Person auf mich, die ich in anderem Zusammenhang längst nicht so feierlich kennen gelernt hatte.

Es reicht letztlich, wenn uns das Auftreten einer redenden Person so bewusst auffällt und irritiert, dass wir daran »hängen bleiben«, denn in dem Fall geht ein Teil unserer Aufmerksamkeit für den Inhalt verloren. Der Wirkungsfaktor Körpersprache also spielt in der Überlegung, wie wir glaubwürdig und überzeugend reden können, eine entscheidende Rolle (vgl. *Mehrabian*).

Körpersprache – viel Ausdruck, viel Eindruck!

Was die Körpersprache angeht, so ist nicht entscheidend, wie Sie etwas meinen. Entscheidend ist allein, wie es auf Ihre Zuhörer wirkt!

Ich lade Sie an dieser Stelle ein zu einer Reise um unseren Körper: Was können wir wie zum Reden einsetzen, welche Körperteile verselbständigen sich gerne, wenn wir vor einer größeren Versammlung reden?

➨ Blick

Folgende absurde Tipps kursieren: Schauen Sie Ihrem Gegenüber tief, ganz tief in die Augen. Dann meint der Zuhörer, wir hätten gerade eine Fortbildung in Hypnose hinter uns – vielleicht sieht es so aus, als hätten wir uns gerade unsterblich verliebt ... Andere raten Ihnen, Ihr Gegenüber zwischen den Augen, auf der Nasenwurzel zu fixieren. Das könnte zu Aggressivität führen. Wieder andere geben Ihnen den Tipp, unterhalb des Kinns zu gucken – auch das kann zu Irritationen führen, insbesondere in der warmen Jahreszeit beim weiblichen Geschlecht. Das Absurdeste, was mir jemals untergekommen ist: Wenn Sie unsicher sind, wohin Sie beim Publikum gucken sollen, dann sehen Sie auf den Mund und auf die Zähne. Was tun Sie, wenn Ihr Gegenüber Ihren Mund und Ihre Zähne fixiert? Eben, ich auch!

Also vergessen wir alle diese vermeintlichen »Tipps«. Abgesehen davon, dass Fixieren immer schlecht ist, liegt eine große Gefahr darin, für den Blickkontakt allzu detaillierte Regeln aufstellen zu wollen. Ich befürchte, dass wir dann so mit unserem Blick beschäftigt sind, dass wir unnatürlich wirken und uns den Ruf einhandeln, wir guckten immer so wirr. Meiner festen Überzeugung nach dürfen wir uns beim Blickkontakt auf unsere Intuition verlassen – in der Regel gucken wir doch recht natürlich. Für das

Auftreten vor einer Gruppe von Zuhörern kann es dennoch hilfreich sein, Folgendes zu beachten:

Wenn Sie von 200 Leuten 20-30 *richtig* angesehen haben (nicht nur mit Ihren Blicken gestreift), dann fühlen sich die anderen auch mit angesprochen (vorausgesetzt, die 20-30 sitzen nicht alle in ein und derselben Ecke des Raumes ...).

Schauen Sie gerade zu Beginn Ihre »Augenweiden« an, diejenigen Zuhörer, mit deren Blicken Sie etwas anfangen können, die Sie freundlich und Ihnen wohlgesonnen anschauen. Im Verlauf Ihres Redebeitrages – wenn Sie sich sicherer fühlen – weiten Sie den Blickkontakt auf die anderen aus.

Hüllen Sie Ihre Zuhörer ein mit wohlwollenden Blicken und – beschränken Sie sich dabei auf den Kopfbereich. Auf die Entfernung ist ohnehin nicht mehr zu sehen, ob Sie gerade auf das rechte Ohr oder das linke Auge sehen. (*Vgl. auch Kapitel 1., S. 10 – 11.*)

➡ Hals, Kopfhaltung

Hier und da stehen Leute vor der Gemeinde, den Kopf schief auf die Seite gelegt und den Hals feilbietend – wie kann das wirken?

Die Gefahr ist durchaus gegeben, dass es unsicher, unterwürfig und naiv wirkt, insbesondere dann, wenn ein Verlegenheitslächeln noch hinzukommt. Deshalb ist es lohnenswert, darauf zu achten, dass der Kopf gerade und aufrecht getragen wird. Sie wirken dadurch selbstsicherer und souveräner. Übrigens fallen mir der feilgebotene Hals und der schiefe Kopf vornehmlich bei Frauen auf – achten Sie mal drauf, wenn Sie demnächst wieder als Zuhörerin jemandem zuhören und zuschauen. Andere wackeln sehr unruhig mit dem Kopf hin und her, weil sie ihre Körperspannungen abbauen müssen – halten Sie den Kopf ruhig und gerade!

➡ Haltung insgesamt

Eine aufrechte Haltung steht für Selbstsicherheit. Wie soll jemand andere überzeugen, der in seiner Haltung nicht ausdrückt, dass er zuallererst sich seiner selbst und seiner Meinung sicher ist?

◕ Wohin mit Armen und Händen?

Immer wenn wir vor Menschen stehen, stellt sich uns das größ-te Problem unseren Körper betreffend: Was tun wir bloß mit den beiden langen Extremitäten, die an beiden Seiten herunterhän-gen? Überlegen Sie zunächst einmal, was Sie an Arm- und Hand-haltungen schon so erlebt haben und wie es im Einzelnen auf Sie wirkte.

Was halten Sie von folgenden Grundhaltungen, wenn Sie davon ausgehen, dass die redende Person in der Haltung beginnt und die meiste Zeit des Vortrags in dieser Haltung verweilt:

- ◕ Arme vor der Brust verschränkt? *(kann z.B. überheblich, gelangweilt, verschlossen wirken)*

- ◕ Arme hinter dem Rücken verschränkt? *(kann z.B. oberlehrer-haft wirken, etwas verbergend)*

- ◕ Arme beidseitig herunterhängend? *(kann z.B. starr, unflexi-bel, unnatürlich, wenig dynamisch wirken)*

- ◕ Arme in die Hüften gestemmt? *(kann z.B. aggressiv, provo-zierend wirken, »Jetzt komme ich ...«)*

- ◕ Ein Arm in die Hüfte, den anderen gestikulierend (Modell Krug)? *Nichts Halbes und nichts Ganzes ...*

- ◕ Beide Hände in den Hosentaschen? *(kann z.B. zu lässig, cool, gelangweilt, arrogant wirken. Schlimm sind die »Taschenbillard-Spieler«, deren Hände in den Taschen spielen und herumfummeln)*

- ◕ Eine Hand in der Hosentasche, die andere gestikulierend? *(wirkt manchmal noch arroganter als beide Hände in den Taschen... In Predigten wirkt es auf mich persönlich zu locker und lässig – ich vermisse in dieser Haltung den Respekt der Sache und dem Zuhörer gegenüber!)*

- ◕ Arme und Hände vor dem Intimbereich verschränkt? *(kann z.B. steif, unnatürlich, aufgesetzt feierlich wirken ...)*

● Hände vor dem Bauch gefaltet? *(kann z.B. übertrieben sakral wirken ...)*

Alle diese Haltungen können – wohlgemerkt als *Grundhaltung* eingesetzt – negative Assoziationen provozieren. Zwischendurch und für einen kurzen Moment kann natürlich fast(!) jede der eben beschriebenen Haltungen umgesetzt werden. Folgende *Grundhaltung* ist aus rhetorischer Perspektive zu empfehlen:

Winkeln Sie die Arme an, Ellenbogen locker an den Körper und die Hände vor der Körpermitte. Die offene Armhaltung steht für Offenheit gegenüber Ihrem Zuhörerkreis. Am leichtesten fällt das, wenn Sie zur Übung einmal eine DIN-A6-Karteikarte mit Stichworten vor sich halten. Mit der Grundhaltung sind Sie rhetorisch auf der sicheren Seite. Ein Blick auf Moderatoren im Fernsehen oder geübte Redner in der Öffentlichkeit zeigt genau diese Ausgangshaltung. Achten Sie zu Redebeginn darauf, dass die Arme und Hände in dieser Grundstellung liegen, dann vergessen Sie sie. Ihre natürliche Gestik kann sich jetzt entfalten, und zwar am richtigen Ort.

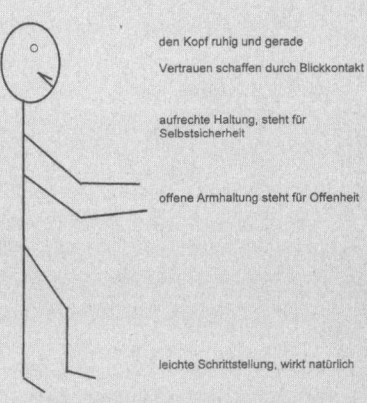

den Kopf ruhig und gerade

Vertrauen schaffen durch Blickkontakt

aufrechte Haltung, steht für Selbstsicherheit

offene Armhaltung steht für Offenheit

leichte Schrittstellung, wirkt natürlich

● *Vier Gründe für Gesten*

   ● Brücke zum Publikum

   ● »Blitzableiter« für innere Spannungen

   ● Ihre Sprechweise und Ihr Tonfall werden abwechslungsreicher und dadurch lebendiger

   ● Bildhafte Gesten unterstreichen und verdeutlichen das Gesprochene

➡ Ihr Outfit

- ➡ Passend zum jeweiligen Hörerkreis
- ➡ Im Zweifelsfall lieber zurückhaltend als schrill oder topmodisch
- ➡ Aber: gute Qualität
- ➡ Kleidung: eher bedeckt als zu viel Haut zeigen
- ➡ Generell gilt: Outfit sollte nicht vom Inhalt ablenken

➡ Beine und Füße

Eine leichte Schrittstellung wirkt natürlich. Gerade zu Beginn können Sie sich selbst ruhig machen, auch nach außen gelassen und souverän wirken (auch wenn es in uns nervös fiebert ...), indem Sie Ihr Körpergewicht auf beide Beine verteilen. Dieser feste Stand, gleichsam im Boden verwurzelt und fest gegründet, wirkt nicht nur auf die Zuhörenden selbstsicher, sondern Sie verschaffen sich selbst damit eine gewisse Ruhe, denn:

> **Wie Sie sich bewegen, so fühlen Sie sich auch –**
> **Ihre Körperhaltung bestimmt Ihr Lebensgefühl!**

Probieren Sie es ruhig einmal aus: Stellen Sie sich hin, die Füße ganz dicht zusammen in der Offiziersstellung, legen Sie jetzt die Arme verschränkt vor das Becken bzw. übereinander gelegt, und jetzt legen Sie den Kopf auf die Seite und legen Ihr süßlichstes Lächeln auf, das Sie haben – wie fühlen Sie sich?

Es lebe das Kontrastprogramm: Stellen Sie sich jetzt breitbeinig auf, stemmen Sie die Arme in die Hüften, Kinn hoch – wie geht es Ihnen jetzt? Vermutlich gefällt Ihnen weder die eine noch die andere Haltung als Dauerhaltung, aber einen Unterschied im »Lebensgefühl« haben Sie bestimmt gespürt.

Welche Erfahrungen haben Sie als Redner – oder Beobachter derselben – hinsichtlich des Umhergehens im Raum gemacht?

Auch an dieser Stelle lassen sich Tipps nicht unabhängig von der jeweiligen Situation geben (*vgl. das Rhetorische Dreieck*): Stehen Sie für ein zweiminütiges Statement vor der Gemeinde, so wirken Sie sicherer und souveräner, wenn Sie auf beiden Beinen – die Füße in einem Abstand von ca. 15 cm nebeneinander – auf einer Stelle stehen bleiben. Halten Sie einen Vortrag oder eine Predigt frei, ohne Pult/Kanzel, dann wird es angemessener sein, wenn Sie im Verlauf von 25 Minuten Ihren Standort ab und an wechseln. Achten Sie dabei auf Folgendes:

- Bewegen Sie sich bewusst, das heißt kontrolliert. Vermeiden Sie solche Bewegungen, die nach außen unkontrolliert und ungewollt wirken. Hilfe kann hier ein Feedback eines lieben Menschen oder eines Profis sein, den Sie bewusst darauf achten lassen. Auch eine Videoaufnahme eröffnet sehr interessante Perspektiven.

- Bewegungen langsam bzw. passend zu Inhalt und Sprechweise (Sprechgeschwindigkeit, Lautstärke).

- Gehen Sie statt von links nach rechts auf dem Podium lieber auf die Leute zu. Wenn wir Barrieren abgebaut haben, dann geht das gut (*vgl. Kap. 1., S. 19*). Wenn wir doch die Seiten wechseln müssen, z.B. weil es schlecht möglich ist, das Podium zu verlassen und in den mit Kinobestuhlung versehenen Raum zu marschieren, dann tun Sie das langsam. Ein schnelles Hin- und Herlaufen lässt uns leicht wie ein hungriges Raubtier im Käfig wirken ... Jede Unruhe unsererseits – ob tatsächlich vorhanden oder unglücklicherweise nur so aussehend –, überträgt sich schnell auch auf unsere Zuhörer.

Nehmen Sie auch hier zu Beginn Ihres Redebeitrages die richtige **Grundhaltung** ein. In diese Grundhaltung kehren Sie im Verlauf Ihrer Ausführungen immer wieder zurück.

Grundhaltung für Redner

Leicht gespreizte Beine (allenfalls schulterbreit bei den Herren, leichte Schrittstellung bei den Damen – je nach Kleidung –) und ein ruhiger, aufrechter Oberkörper mit entspannten Schultern und den Händen austeilend vor der Körpermitte. Dazu freundlicher Blick- und Augenkontakt.

Tipps zur Sprechweise

- *Abwechslung erfreut!*
  - Variieren Sie Ihr Sprechtempo bewusst.
  - Variieren Sie die Lautstärke bewusst.
- *Pausen als Wirkungsmittel!*
  - Pausen sind keine »Löcher«! Pausen sind für das Verständnis notwendig.
  - Lernen Sie, Pausen auszuhalten, Pausen zu genießen.
  - Statt Verlegenheits- und »Fülllaute« wie »eh«, »ähh«, »hm«, »ja« zu produzieren, konzentrieren Sie sich lieber auf Betonung und Pausen, dann werden diese Laute seltener. Auch hier ist es sehr heilsam, sich selbst einmal auf Band oder Film zu hören – jede Person, die regelmäßig vor anderen Menschen redet, sollte sich immer einmal wieder selbst hören und sehen!
  - Statt sich vor Nervosität zu räuspern – schlucken Sie Speichel hinunter.
- *Natürlichkeit ist Trumpf!*
  - Deklamieren Sie nicht wie ein Bühnenschauspieler.
  - Halten wir es mit Cicero und »sprechen wir auf Wirkung«!
- *Übung macht den Meister – Übungstipps!*
  - Erzählen Sie Kindern Märchen, und das möglichst dramatisch.

- Üben Sie die richtige Betonung mit einer Zeitungsrolle, indem Sie immer die betonten Silben durch Schlagen der Zeitungsrolle auf einen Tisch begleiten.

- Nehmen Sie sich selbst auf Band, Kassettenrecorder oder Diktiergerät auf, probieren Sie oben genannten Tipps bewusst aus – so lange, bis Sie sich selbst gern zuhören.

- Kümmern Sie sich um eine Videoaufnahme von einer für Sie typischen Redesituation.

- Besuchen Sie ein Rhetorikseminar oder nehmen Sie Einzelcoaching in Anspruch.

- *Was tun gegen Heiserkeit?*

  - Beim Atmen häufiger den Mund schließen.

  - Ein Glas mit zimmerwarmem Wasser bereitstehen haben.

  - Bei Erkältungen Halsbonbons lutschen, auch schon vor der Rede. Halsbonbons möglichst ohne Menthol, Eukalyptus oder Pfefferminz – das lässt die Schleimhäute austrocknen. Besser sind Bonbons/Pastillen mit Honig, Salbei und Ähnliches.

  - Heißen Tee gegen Husten und Heiserkeit bereitstehen haben.

Sprachliche Gestaltung

- *Klar und zielorientiert formulieren statt umständlich!*

Wie könnten Sie die folgenden Beispielsätze in diesem Sinne besser formulieren:

a) *»Ich darf den Prediger des heutigen Sonntags ganz herzlich bei uns begrüßen ...«*

b) »Ich will Ihnen heute etwas erzählen über ...«

_____

c) »Ich darf an dieser Stelle meiner Hoffnung Ausdruck geben, dass ...«

_____

d) »Ich würde nein sagen ...«

_____

e) »Ich möchte noch einmal eine kleine Zusammenfassung geben ...«

_____

f) »Ich möchte deshalb höflichst an Sie alle appellieren ...«

_____

Meine Vorschläge lauten (*ich könnte auch sagen: An dieser Stelle darf ich Ihnen meine Vorschläge unterbreiten ...*):

a) »Ich begrüße den Prediger des heutigen Sonntags sehr herzlich ...«
b) »Mein Thema lautet ...«
c) »Ich hoffe, dass ...«
d) »Nein!«
e) »Ich fasse abschließend kurz zusammen ...«
f) »Deshalb appelliere ich an Sie ...«

 🔴 *Bildhafte Ausdrücke bevorzugen!*
   (Vgl. Kap. 1., S. 23)

Denken Sie jetzt bitte nicht an den Eiffelturm! Auf keinen Fall an den Eiffelturm denken!

Und? Vermutlich haben Sie gerade in diesem Moment an ihn gedacht und ihn vor sich gesehen, nicht wahr?

⬤ Positiv und handlungsorientiert formulieren statt negativ!

In Kap. 1., S. 21 ff, *Hirngerecht reden,* hatten wir die beiden Hirnhälften unterschieden und herausgearbeitet, was es heißt, *hirngerecht* zu reden. Was die sprachliche Gestaltung angeht, so gibt es folgende Besonderheit: Unsere rechte Hemisphäre, für Bilder und Vorstellungen »zuständig«, kennt keine Verneinung, löscht jedes »Nicht«. Um das näher zu erfassen, erkläre ich es *hirngerecht:*

Und nun bitte auf gar keinen Fall an den rosa Elefanten mit dem Korkenzieherrüssel denken, okay? Hallo – ich habe Sie doch gebeten, nicht an den rosafarbenen Elefanten zu denken ... Das heißt, in dem Moment, wo ich den Eiffelturm oder den Elefanten erwähne, entsteht in unserer rechten Hirnhälfte sofort das jeweilige Bild. Denn unsere rechte Hemisphäre kann sich ein Bild nicht nicht vorstellen: Wie sieht das bildlich aus, wenn ich nicht an den Eiffelturm denke?

Ein weiteres Experiment mag das verdeutlichen: Bitte nehmen Sie sich ein Blatt Papier und malen Sie jetzt ein Bild, dessen zentrale Aussage lautet: »Hier steht kein Baum!« Es darf ausschließlich gemalt bzw. gezeichnet und nichts geschrieben werden. Bitte malen Sie jetzt und legen Sie das Buch zur Seite.

Und – was haben Sie gemalt, wie sieht Ihr Bild aus? Und nun stellen Sie sich bitte vor, jemand betritt den Raum, der von Ihrer Aufgabe nichts weiß – fragen Sie ihn, was seiner Meinung nach die zentrale Aussage des Bildes ist. Vielleicht haben Sie jemanden in Ihrer Nähe, den Sie fragen können. Dann legen Sie dieses Buch nochmals zur Seite.

Wie ist es Ihnen ergangen, hat jemand in Ihrem Bild, ohne Worte und ohne Bescheid zu wissen, die zentrale Aussage »Hier steht kein Baum!« erkennen können? Wenn nicht, dann sind Sie in wahrhaft guter Gesellschaft – ich kenne nämlich niemanden, bei dem es geklappt hätte. Warum? Weil unsere rechte Hirnhälfte – für Bilder und Vorstellungen zuständig – sich ein Bild nicht *nicht* vorstellen kann: Was soll sie sich denn bildlich vorstellen, wenn keinen

Baum? Vielleicht haben Sie etwas vollkommen anderes gemalt als einen Baum, z.B. eine Wüste oder das Meer. Dann ist die zentrale Aussage nach außen: »Hier ist eine Wüste!«, »Hier ist ein Meer!«. Möglicherweise haben Sie einen gefällten, auf dem Boden liegenden Baum gezeichnet – aber spricht daraus die Botschaft: »Hier steht kein Baum!«? Nicht notwendigerweise, genauso wenig, wie wenn Sie einen Baum gemalt haben und jenen durchgestrichen haben. Selbst im letzten Fall ist die Wahrscheinlichkeit gering, dass ein Außenstehender darin die Aussage erkennt: »Hier steht kein Baum!«, denn er steht ja da, der Baum – durchgestrichen zwar, ja – aber er steht in seiner ganzen Pracht da.

Und genau das ist der tückische Punkt: Über unsere Sprache, unsere Wortwahl sind wir imstande, unseren Mitmenschen Bilder und Vorstellungen in den Kopf zu pflanzen. Dabei entstehen nicht immer die Bilder, die wir dort eigentlich haben wollen.

In einem Gespräch sagt Ihr Gegenüber zu Ihnen: »*Also, nicht dass Sie jetzt denken, ich wolle Sie in irgendeiner Weise übervorteilen oder gar über den Tisch ziehen ...*« Welche Gedanken und Gefühle, welche Vorstellung entdecken Sie in solch einer Situation bei sich selbst? Auch wenn unsere linke, logische Hirnhälfte begreift, dass unser Gegenüber uns NICHT über den Tisch ziehen will – das Bild in der rechten Hemisphäre ist doch da: Jemand legt mich rein und übervorteilt mich. Oder haben Sie eine Idee, wie das bildlich aussieht, wenn Sie jemand nicht über den Tisch zieht? Sie können es ja spaßeshalber einmal zu malen versuchen ...

Eine Gemeindeversammlung wird mit den Worten begonnen: »*Ihr Lieben, vielleicht haben einige unter uns heute etwas Angst, dass es aufgrund unserer prekären Tagesordnungspunkte zu einer gereizten Atmosphäre kommen könnte – habt keine Sorge. Auch die Befürchtung, wir könnten diese Versammlung möglicherweise wieder um mehr als eine Stunde überziehen, ist heute – denke ich – unbegründet.*« Welche Gefühle, Assoziationen und Vorstellungen lassen diese Eingangsworte bei den Zuhörerinnen und Zuhörern entstehen? Genau die, die ich aus den Köpfen herausbekommen will durch das, was ich sage! Einzig, wenn ich genau weiß, dass jene Vorbehalte bei den Leuten vorhanden sind, z.B. weil ich es gehört habe, dann macht es Sinn, diese Ängste auch anzusprechen. Ist dies jedoch nicht der Fall, dann bringe ich die Leute erst auf diese oder jene Idee.

Lust- und Frustwörter

Im Folgenden finden Sie eine Liste von Lust- und Frustwörtern. Viele Worte in unserer Kultur sind mit bestimmten emotionalen Assoziationen verbunden. So lösen manche Worte bei einem Zuhörer eher angenehme Gefühle aus, andere hingegen tragen eine negative, »frustige« Tendenz. Verwenden wir überwiegend frustbeladene Wörter, so können wir dadurch unbewusst und ungewollt Widerstand gegen uns bzw. unsere Aussagen beim Gegenüber provozieren. Verwenden wir stattdessen positive Worte und Begriffe, finden wir eher Akzeptanz. Lustwörter betonen in der Regel die Freiheit und Autonomie des Angesprochenen, stellen sein Erleben und Empfinden als wichtig dar. Frustwörter hingegen lassen eher ein Machtgefälle (Kontrolle, Unfreiheit) anklingen.

Die hier aufgeführten Beispiele können natürlich je nach Zusammenhang auch einmal in die jeweils gegenteilige Spalte passen:

Lustwörter	Frustwörter
Spielen, herausfinden, entdecken, mit Ideen experimentieren, probieren, träumen, sehen, sich erlauben, Spiel, Neugier, Überraschung, wachsen, können, entwickeln, verändern, unterstützen, Fähigkeiten, wünschen, wollen, vertrauen, Phantasie, wagen, reizen, kennen lernen, neue Wege, Stärke usw.	Schaffen, versuchen, anstrengen, bemühen, müssen, sollen, sich Mühe geben, kontrollieren, Schwäche, urteilen, bewerten, Misserfolg usw.

Bitte formulieren Sie die folgenden Sätze positiv um, so dass sie ziel- und handlungsorientiert sind und damit lösungs- statt problemorientiert:

Bitte Rasen nicht betreten. *Bitte nur Gehwege benutzen.*
Nicht waschmaschinenfest. *Nur Handwäsche.*

Passen Sie auf, dass Ihr Becher nicht runterfällt.
Halten Sie ihn gut fest. Haben Sie keine Angst.

Es ist auch gar nicht schwer.

Wir haben uns hier nicht versammelt, um zu klagen.

Bitte vergesst nicht, euch in die Liste zur Gemeindefreizeit einzutragen.

Es möge jetzt niemand denken, die Gemeindeleitung habe es sich leicht gemacht mit der Entscheidung.

Kein Problem!

Wir schließen den Jugendraum um 23.00 Uhr.

Deine Predigt war nicht schlecht!

Rede nicht wieder so schnell.

Du brauchst nicht aufgeregt zu sein, die Gemeinde ist doch nicht negativ eingestellt gegenüber etwas flotterer Musik.

Passt auf, lasst euch nicht vom Bösen beeinflussen!

Jeder P.F.E.I.L. macht Ihren Redebeitrag lebendig

P ersönliche Ansprache an persönliches Publikum

- Persönlicher Bezug: »Ich freue mich, dass ich bei Ihnen/ euch ...«
- Persönliche Ansprache: »Wir können an diesem Beispiel erkennen ...«
- Persönlicher Nutzen: »Ihr habt dadurch ab heute den Vorteil, dass ...«

F ragen, rhetorische und echte Fragen

- Fragen erzeugen Spannung, führen zum Mitdenken.
- Fragen sind gut geeignet als Ohrenöffner.

E igene Erlebnisse erzeugen Erkenntnisse

- Ereignisse beleben und konkretisieren das Gesagte.
- Erzeugen Sie Eindrücke, Erinnerungen, Bilder und Visionen.
- Erwecken Sie Emotionen und beeinflussen Sie Einstellungen.

I ndividualität, Ideen

- Individuelle Einzelheiten erzeugen Glaubwürdigkeit.
- Ideen machen Ihren Redebeitrag einmalig und unverwechselbar.

L eitsätze, Lächeln, Loben

- Leitsätze zitieren: Aussagen, Gedanken, Sprüche anderer.
- Lächeln lassen: Zitate mit Dialektfärbung wirken besonders echt.
- Loben Sie andere.

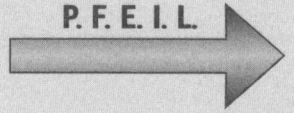

P. F. E. I. L.

4. Tipps zur Vorbereitung von Rede und Predigt

In 10 Schritten zum Erfolg

1. Thema festlegen

2. Anliegen suchen – »Reden ist mehr als informieren!«

3. Anliegen in einem »Zwecksatz« formulieren: »Ich will, dass die Gemeinde ...« Auch hier gilt: »*Ein* Zwecksatz ist mehr als zwei!«

4. Stoffsammlung durch Brainstorming, z.B. auf Kärtchen (DIN-A6 oder DIN-A7). In dieser Phase gilt: »Quantität ist wichtiger als Qualität!«

5. Stoffsammlung überprüfen und reduzieren durch Publikumsanalyse: *Wer* hört zu? *Was* ist Ihr »*Zwecksatz*«? Dann die Stoffsammlung unterteilen in drei verschiedene Bereiche: a) Was **muss** unbedingt gesagt werden? b) Was **soll** nach Möglichkeit gesagt werden? c) Was **kann** gesagt werden, wenn die Zeit es erlaubt? Kommen Sie während der Rede, der Predigt in Zeitnot, so können Sie mit Hilfe der **Muss**-, **Soll**- und **Kann**-Karten unauffällig kürzen: Zunächst lassen Sie die Kann-Karten weg, z.B. Anekdoten, Geschichten etc. werden gekürzt. Hilft das noch nicht, dann werden die Soll-Karten übersprungen. Das funktioniert natürlich nur, wenn Sie das im Vorfeld gut durchdenken und vorbereiten, so dass trotz Auslassen einiger Kärtchen keine logischen Brüche entstehen und der rote Faden erhalten bleibt. Doch der Aufwand lohnt sich, denn so kürzen Sie spontan, ohne dass es die Zuhörenden merken.

6. Vorläufige Gliederung. Grundlage sind die Stoffsammlungskärtchen.

7. Vorversprachlichen. Sprechen Sie Ihren Beitrag vorher durch, denn Sie kennen auch das Phänomen, dass wir auf dem Papier und in unserem Kopf alles bestens ausformuliert haben. Unter dem Einfluss von Lampenfieber will das aber plötzlich nicht so von den Lippen gehen wie gedacht. Die Stellen, an

denen es hakt, die kritisch sind, erkennen Sie bereits beim Vorversprachlichen und nicht erst im Ernstfall! Heinrich von Kleist nannte das »die allmähliche Verfertigung der Gedanken beim Reden« – nutzen wir sie! Außerdem achten Sie bei der Proberede auf die Zeit.

8. Wenn Ihnen Ihre Rede/Predigt langweilig erscheint, dann setzen Sie P.F.E.I.L. als Lebendigmacher ein (vgl. Kapitel 3., S. 51).

9. Endgültige Gliederung: Kärtchen teilweise neu schreiben, durchnummerieren (falls der Stapel herunterfällt oder sonst in Unordnung gerät) und Schlusssatz auf ein andersfarbiges Kärtchen (falls Sie einen Blackout erleiden und gerade nicht mehr weiterwissen, dann sticht Ihnen das farbige Kärtchen ins Auge und mit dem Schlusssatz – wohl formuliert – beenden Sie das Ganze mit Anstand).

10. Endgültige Formulierung des Themas.

Vom »packenden« Beginn zum »runden« Schluss – die Gliederung

Kennen Sie das auch? Es ist Sonntagmorgen, Sie sitzen im Gottesdienst, der Prediger des Sonntags redet durchaus engagiert über sehr vieles sehr Wichtiges. Das, was er sagt, ist in Ihren Augen auch richtig und gut. Das Problem ist nur, dass Sie den Zusammenhang zwischen den einzelnen Punkten nicht erkennen, ebenso wenig das Ziel, die Absicht. Es kann sein, dass der Prediger das Modell einer *frei assoziierenden Rede* gewählt hat: »Frei assoziierend« besagt, dass er nicht einem äußeren Schema folgt, sondern sich die »künstlerische« Freiheit nimmt, nach spontanen Einfällen vorzugehen. Diese Gestaltungsfreiheit ist vermutlich die größte Versuchung für all jene, die meinen, sie könnten mit Gliederungen nicht umgehen bzw. brauchten sie nicht. Eberhard Wagner dazu: »*Sie [die frei assoziierende Rede] ist entweder ein Kunstwerk oder eine Katastrophe. Während eine gegliederte Rede noch ›einigermaßen‹ oder ›mittelmäßig‹ ausfallen kann, ist die frei assoziierende Rede entweder von Geschick und äußerster*

Disziplin getragen oder unbrauchbar, um Inhalte zu vermitteln. Einer bibelgemäßen Verkündigung ist die Rede nach spontanen Einfällen nicht angemessen und in aller Regel dazu auch unbrauchbar.« [E. Wagner, S. 30]

Das dürfte jedem einleuchten: Einfach nur so drauflosreden, das geht nicht! Einem Redebeitrag muss ein Ordnungssystem zugrunde liegen, das der Hörer als solches erkennen können sollte. Mindestens aber will ich als Zuhörer den Eindruck haben, die redende Person weiß, was sie sagt und was sie damit bezwecken will. Gliederungen müssen sein! Um mir als Zuhörer dieses Empfinden von sichtbarer oder unsichtbarer Ordnung zu vermitteln, können Sie von verschiedenen Redemodellen und -gliederungen Gebrauch machen.

Gliederungen

- ➤ müssen logisch sein
- ➤ müssen ausgeglichen sein
- ➤ müssen merkbar sein
- ➤ müssen dem Inhalt der Rede angemessen sein

➤ Standpunktformel

Die Standpunktformel bietet sich überall dort an, wo wir in kurzer Zeit unseren Standpunkt vertreten sollen, ohne jenen bis ins letzte Detail ausdifferenzieren zu können. Oftmals schließt sich an eine solche Standpunktformel dann eine Rückfrage und eine etwas ausführlichere Diskussion an:

- ➤ Meinung
- ➤ Pro-Argumente: sachlich (»ans Hirn appellieren«) und emotional (»ans Herz appellieren«)
- ➤ Schluss-Satz (Meinung)

Beispiel (Statement im Rahmen einer Gemeindeversammlung):

»Ich bin der Meinung, dass wir in dieser Gemeindeversammlung noch nicht endgültig darüber abstimmen sollten. Denn zum einen fehlen uns, wie wir eben alle feststellen konnten, noch einige wenige, aber entscheidende Informationen von Fachleuten, die bisher nicht erreichbar gewesen sind. Zum anderen habe ich in den letzten Minuten den Eindruck gewonnen, diese Thematik birgt einiges an Zündstoff. Die praktische Umsetzung aber kann später nur dann erfolgen, wenn wir als Gemeinde geschlossen dahinter stehen, wenn es unsere gemeinsame Sache ist und nicht wieder das »Hobby« einiger weniger Unentwegter. Und deshalb sage ich noch einmal: Lasst uns die Abstimmung – auch im Interesse der Sache – vertagen!«

Trichtergliederung

Diese Gliederung macht Sinn, wenn Sie davon ausgehen können, dass man Ihnen mindestens 2-3 Minuten zuhören wird. Vorteil hier: Sie können schon etwas intensiver auf die Thematik eingehen und die Zuhörenden mit einem gewissen Spannungsbogen (vgl. Abb. unten) »fesseln«:

- Ohrenöffner (Thema fesselnd nennen, rhetorische Frage, provokative Frage, provokative These etc.)
- Meinung in einem Satz nennen
- Pro-Argumentation: drei sachliche Argumente (»ans Hirn appellieren«), eines ist zu wenig, mehr als drei kann man sich wieder schlecht merken
- Pro-Argumentation: ein Gefühlsargument (emotional, »ans Herz appellieren«)
- Wenn nötig, dann Behandlung von Einwänden Andersdenkender
- Zusammenfassung der drei sachlichen Pro-Argumente
- Schlusssatz in Form der Meinung oder eines Appells

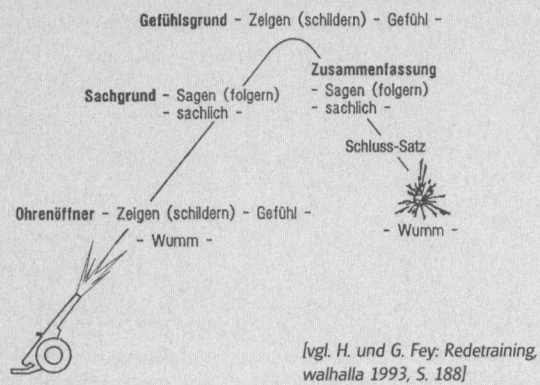

Gefühlsgrund – Zeigen (schildern) – Gefühl –

Zusammenfassung
– Sagen (folgern)
– sachlich –

Sachgrund – Sagen (folgern)
– sachlich –

Schluss-Satz

Ohrenöffner – Zeigen (schildern) – Gefühl –
– Wumm –

– Wumm –

[vgl. H. und G. Fey: Redetraining, walhalla 1993, S. 188]

Beispiel (z.B. Appell an die Gemeinde im Rahmen einer Gemeindeversammlung):

»Wer von euch ein Haus gebaut hat, der wird wissen, wie lange man braucht, um den richtigen Bauplatz, das richtige Haus, die richtigen Firmen zu finden, nicht zuletzt die passende Finanzierung. So ein großes Projekt braucht auch schon in der Entscheidungsphase seine Zeit. Ich bin der Überzeugung, dass auch unser Gemeinde-Projekt – ungleich größer als der Bau eines Einfamilienhauses – seine Zeit braucht. Deshalb plädiere ich dafür, dass wir nicht, wie eben vorgeschlagen, heute bereits abstimmen, sondern dass wir den Meinungsbildungsprozess noch ausweiten. Folgende Argumente sprechen dafür: 1. Wie wir in dieser Gemeindeversammlung gesehen haben, fehlen noch – wie ich finde – entscheidende Informationen, die wir unbedingt mit einbeziehen sollten. Der Entwurf A z.B. hat heute Fragen aufgeworfen, die meiner Meinung nach noch nicht zufrieden stellend für uns alle beantwortet werden konnten – der Architekt hat sich ja angeboten, diese Unklarheiten zu beseitigen, nutzen wir die Chance. Ferner hat die Arbeitsgruppe, die mit der Stadt Gespräche führte, noch nicht das letzte, endgültige Wort von Seiten der Stadt gehört. Auch ist der Sachverständige in der Frage B noch nicht zu Wort gekommen. 2. Ich habe den Eindruck, dass einige unter uns jetzt auch nicht

mehr die Ruhe haben – ich entdecke doch das eine oder andere Aufbruchsignal, und ich fände es unangemessen, hier jetzt auf die Schnelle noch eine Entscheidung zu erzwingen. 3., und das halte ich für das entscheidende Argument: Mit einer so weit reichenden Entscheidung, wie die, um die es hier und heute geht, leben wir den Rest unseres Lebens. Doch damit nicht genug, auch unsere Kinder und Enkel werden mit dem, was wir jetzt entscheiden, leben müssen. Allein das ist schon Grund genug, mit der Abstimmung so lange zu warten, bis wir eine bessere Ausgangsbasis für diese Entscheidung gefunden haben.

Stellt euch vor, wir binden jetzt den Sack zu, weil wir keine Lust mehr haben, noch länger abzuwägen. Und in einem halben Jahr finden wir plötzlich keine Mitarbeiter für den Bau. Einige wenige Unentwegte, die, welche man immer fragt und die immer Ja sagen, ansonsten fühlt sich niemand so recht verantwortlich. Auch die Spenden wollen nicht so eingehen, wie es das Vorhaben erforderlich macht, und, und, und. Ja, ihr Lieben, und dann stellt sich heraus, der Bau ist nicht das Projekt der gesamten Gemeinde. Ein Großteil sieht sich in seinen Fragen und Anmerkungen nicht ernst genommen und sagt: ›Ich habe damals gleich gesagt, dass ..., aber ›die‹ Gemeinde wollte es ja unbedingt so machen ...‹ Falls etwas schief geht, wissen wir alle, wer die Verantwortlichen sind – natürlich, die, welche den Bau unbedingt durchziehen wollten auf Biegen und Brechen, nun sollen ›die‹ mal sehen, wie sie zurechtkommen. Unser Projekt kann nur gelingen, wenn es wirklich ›unser‹Projekt wird!

Ich fasse abschließend kurz zusammen, was für die Vertagung der Abstimmung spricht: 1. Uns fehlen noch wichtige Informationen, die wir einholen können und einholen sollten! 2. Jetzt herrscht hier schon bei vielen Aufbruchstimmung! 3. Eine Entscheidung, an die wir und nachfolgende Generationen so lange gebunden sein werden, sollte unbedingt auf einer soliden Basis eines ausführlichen, alle Gemeindeglieder einbeziehenden Meinungsbildungsprozesses getroffen werden – und genau Letzteres fehlt uns noch! Deshalb appelliere ich an euch: Unterstützt meinen Antrag, die Abstimmung um einige Wochen zu vertagen – die Sache ist es wert!«

Problemlösungsformel

Diese Gliederung bietet sich an, wenn Sie in kurzer Zeit – ausgehend von einer konkreten problematischen Situation – neue Ziele und Maßnahmen vorschlagen wollen und andere davon überzeugen wollen:

- Was ist? (Problemschilderung)
- Was soll sein? (Ziel)
- Wie können wir das erreichen?
  (Antwort/Vorschläge/Maßnahmen)
- Begründung (wenn nötig)
- Schlusssatz: Hoffnung, Appell ...

Beispiel:

»Tatsache ist doch, dass viele kirchendistanzierte Menschen mit dem Stichwort ›Baptisten‹ recht wenig anfangen können, häufig sogar die ›Baptisten‹ in einem Atemzug mit den Sekten genannt werden. Ein entscheidendes Ziel des Schildes außen an der Hauswand unserer Gemeinde ist doch, dass Menschen sich auch angesprochen fühlen, dieses Haus zu betreten, und nicht durch Ängste und Vorurteile daran gehindert werden. Wir wollen doch einladend nach außen wirken. Andererseits soll natürlich auch etwas von unserer baptistischen Identität nach außen dringen. Deshalb folgender Vorschlag: in großen Lettern EVANGELISCH-FREI-KIRCHLICHE GEMEINDE und etwas kleiner darunter der Schriftzug ›Baptisten‹. Insider wissen sowieso Bescheid, wir stehen zu unserer baptistischen Identität, und Gemeindefremde haben mehr als nur die Info ›Baptisten‹ und können jene vermutlich besser einordnen, wenn sie ›Evangelisch‹ lesen. Deshalb mein Appell: Lasst uns beides aufnehmen!«

Predigt

Der Predigt als Verkündigung könnten und müssten wir ein eigenes Buch widmen, insbesondere dann, wenn wir den Prediger verstehen als Botschafter an der Stelle des Christus (vgl. 2. Korinther 5,20), der eine göttliche Botschaft an Menschen ausrichtet. Die so verstandene Predigt des Evangeliums ist mehr noch als Information, Unterhaltung, Schulung oder Überzeugung. Rhetorische und didaktische Gliederungsmodelle eignen sich hier teilweise nur bedingt. Deshalb beschränke ich mich an dieser Stelle auf die wichtigsten und grundlegendsten Gliederungstipps – wohl wissend, dass eine ausführliche und der Aufgabe der Predigt gerecht werdende Behandlung den Rahmen dieses Büchleins sprengen würde.

Ziel der Gliederung in einer Predigt:

Die Gemeinde soll spüren, dass Sie als Prediger einer Linie folgen: Ich gebe mich als Zuhörer äußerst ungern ungeordneten Gedanken hin. Je geordneter die Predigt ist, desto besser fühle ich mich aufgehoben. Je mehr Linie erkennbar ist, desto besser mein Eindruck von der Person. Ich kann mich an Predigten erinnern, die so ungeordnet waren, dass ich den Eindruck gewann, der Prediger selbst habe seine Gedanken noch nicht einmal klar und zusammenhängend auf die Reihe bekommen: *»Wie will er mir etwas klar machen, das er selbst in seinem Kopf offensichtlich noch nicht klar geordnet hat?«* **Ein zweckmäßiger Aufbau** soll dafür sorgen, dass ich als Zuhörer deutliche Verstehens- und Erinnerungshilfen erhalte.

**»Sagen Sie, was Sie sagen wollen,
sagen Sie es,
sagen Sie, was Sie gesagt haben!«**

Würde diese wichtige Faustregel befolgt, dann wären manche Predigten leichter nachvollziehbar und ansprechender. Die bereits aus der Schule bekannte Basis-Gliederung besteht aus Einleitung, Hauptteil und Schluss:

Einleitung: Sagen, was ich sagen werde!
      Ohrenöffner, Abholsatz
      Anrede, Leitsatz
      Vorstellung der Gliederung
      Übergang zum Hauptteil

> **Hauptteil: Ich sage es!**
> Darstellung
> im Rahmen der Gliederungspunkte oder
> in einer Linienführung
> Belege
> Zitate
> Illustrationen
> Evtl. Widerlegung anderer Standpunkte
> Fixierung und Bearbeitung des Redeziels
> Appell
> **Schluss: Sagen, was ich gesagt habe!**
> Zusammenfassung
> Konkretion, meist mit Wiederholung des Appells

*[Vgl. E. Wagner: Rhetorik in der christlichen Gemeinde,
Christliches Verlagshaus, 1992, S. 39]*

Einleitung

Folgende drei **Aufgaben hat die Einleitung** zu erfüllen:

1. Den Gegenstand der Predigt sympathisch zu machen.

2. Den Prediger sympathisch zu machen.

3. Den Zuhörer in seiner Situation abzuholen und ihn auf die Thematik, deren Umfang, Methode und Absicht vorzubereiten.

Häufige **Fehler in der Einleitung**
(aus der Sicht eines Predigthörers):

1. Die Einleitung macht nicht Lust auf die Predigt, weckt kein Interesse, weil sie gleich so unvermittelt tief in die Thematik einsteigt, dass ich mich als Zuhörer frage, was das Ganze mit mir zu tun hat: »*Mag sein, dass der Pastor ein Problem mit diesem Text hat, aber muss er seine Probleme im Gottesdienst lösen ...? Bin ich dafür gekommen?*«

2. Die Einleitung weckt deshalb kein Interesse, weil sie so wenig in die Thematik einsteigt und sich stattdessen unverhältnismäßig lang der Abholung der Zuhörer hingibt: Auch der letzte Gottesdienstbesucher ist inzwischen längst abgeholt

worden, doch der Prediger holt immer noch ab und holt ab und holt ab. Wenn er dann schließlich der Ansicht ist, alle abgeholt zu haben, ist die Hälfte der versammelten Gemeinde schon wieder abgesprungen ...

3. Die ersten Sätze des Predigers schrecken bereits diejenigen ab, die keine theologische Ausbildung haben.

4. Die Einleitung ist so lang, dass irgendwann der Spannungsbogen überspannt ist und reißt.

5. Die einleitenden Sätze sind als Einleitung gar nicht zu erkennen.

6. Die Einleitung wird zwar als solche deutlich gekennzeichnet, nur weiß ich als Hörer bis zu deren Ende leider nicht, in *was* genau die letzten zehn Minuten eingeleitet wurde: Die Thematik, in welche verzweifelt einzuleiten versucht wurde, kenne ich noch nicht.

7. Zu Beginn wird so stark provoziert, dass die Einleitung nicht zum Ohrenöffner, sondern zum Ohrenschließer wird. Häufig kann ein solch provokativer Einstieg aggressiv wirken und aggressiv machen.

8. Die Einleitung selbst ist nicht gegliedert, sie verweist auch nicht auf eine Gliederung der gesamten Predigt.

9. Die Einleitung ist eine Einleitung zum ersten Punkt der Predigt und nicht, wie es richtig wäre, zur gesamten Predigt.

10. Die Gliederung der Predigt wird genannt, enthält aber so viele Punkte, womöglich noch Unterpunkte, dass ich als Zuhörer schon gleich zu Beginn abzuschalten geneigt bin.

11. Die Einleitung verspricht etwas, das nachher in der gesamten Predigt nicht vorkommt. Oder in der Einleitung werden Fragen aufgeworfen, die aber nicht beantwortet werden.

Hauptteil

Ist die Rede eine textorientierte Predigt, so findet hier eine gründliche Auslegung des vorliegenden Textes und die Anwendung auf das gegenwärtige Leben ihrer Zuhörer statt. Bis heute sind *explicatio* (Auslegung) und *applicatio* (Anwendung), wie schon bei Martin Luther, die beiden Hauptaufgaben einer solchen textorientierten Predigt. Die Anwendung kann verbunden sein mit einem Appell in Form von klaren neutestamentlichen Anweisungen, die dem Hörer Hilfe dazu anbieten, wie der Appell praktisch umgesetzt werden kann. Nicht nur die Haupt-Gliederungspunkte sind nötig, sondern auch innerhalb dieser Punkte muss eine gewisse Ordnung durch Unterpunkte herrschen. Diese Punkte müssen nicht immer hervorgehoben und für den Zuhörer erkennbar sein, aber ohne sie kann eine Predigt nicht existieren, ähnlich wie ein Haus nicht ohne tragende Teile stehen bleibt. Verschiedene Gründe sprechen für eine Dreiteilung des Hauptteils:

- Drei Punkte sind noch gut zu merken, nicht zu viel, nicht zu wenig.

- Unsere Hörer sind drei Punkte meistens gewöhnt und auf eine Dreiteilung »geeicht«.

- Der geschichtliche Zeitrahmen mit den drei Gesichtspunkten *Vergangenheit, Gegenwart* und *Zukunft* lässt sich auf jede Materie anwenden.

- Ein vernünftiger Redeinhalt weist fast immer folgende drei Bestandteile auf: *IST-Zustand, SOLL-Zustand, Weg zum ZIEL*: Wie ist es? Wie soll es sein? Wie erreichen wir das?

- Sehr oft hat die redende Person das pädagogische Ziel, Zuhörerinnen und Zuhörer *kognitiv, affektiv* und *pragmatisch* anzusprechen, d.h., Sie zielen als Rednerin und Redner auf *Wissen* und *Verstehen* beim Hörer, auf *Empfinden* und *Wollen* sowie auf *Verändern* und *Tun*.

Nennen Sie die Punktüberschriften!

Beim Übergang zum nächsten Hauptpunkt nennen Sie außerdem den vorhergehenden, damit Ihre Zuhörer immer wissen, wo in Ihrer Predigt Sie sich gerade befinden, z.B.: »*So weit also der 1. Punkt, die Situation. Jetzt zum Punkt 2, den Folgen, die daraus resultieren, und zwar die Folgen: a) für die Jünger Jesu und b) für die Pharisäer.*« Oder:

»*Nach der ersten These folgt jetzt These 2 ...*« Eine besondere Herausforderung ist die Anstrengung, so deutlich zu formulieren, dass die Gemeinde Hauptgliederungspunkte und Unterpunkte nicht verwechselt. Das kann sehr schnell geschehen, wenn Sie im Rahmen von Punkt 2 der Hauptgliederung plötzlich auch noch in erstens, zweitens, drittens unterteilen. Deshalb kommen wir nicht ohne eine ausführliche Formulierung aus, etwa: »*Wenn wir uns im 2. Punkt nun mit den Folgen für den Menschen auseinander setzen, so gilt es in diesem Zusammenhang zwei Gruppen besonders in Augenschein zu nehmen, nämlich a) die Jünger Jesu und b) die Pharisäer.*« Auch eine Aufteilung in Buchstaben kann hier hilfreich sein, wenn die Hauptgliederungslinie in Zahlen verläuft.

Häufige **Fehler im Hauptteil einer Predigt**
(aus der Sicht eines Predigthörers):

1. Der Hauptteil beginnt mit erstens, darauf folgt irgendwann zweitens, drittens usw. Ich als Hörer weiß aber nicht, wie viele Punkte insgesamt folgen werden. Wenn sich mir das Ganze im Überblick nicht erschließt, dann fällt die Konzentration auf Details schwer.

2. Das, was ich als »Predigt« erwartete, entpuppt sich als theologisch-wissenschaftlicher Vortrag.

3. Das, was ich als »Predigt« erwartete, zeigt sich als Aneinanderreihung von Geschichten, Anekdoten und Lebensweisheiten, gemischt mit Bruchstücken eines biblischen Textes und einem frommen Appell zum Schluss, der unvermittelt und plötzlich aus der assoziierenden Gedankenkette auftaucht.

4. Der Bezug zum Predigthörer des 21. Jahrhunderts ist unterbelichtet oder fehlt ganz.

5. Der Bezug zum Predigthörer des 21. Jahrhunderts ist so dominierend, dass der biblische Text mit seiner Auslegung auf der Strecke bleibt.

6. Die Ausführungen wirken zu perfekt, so dass der Prediger eine Distanz zur Gemeinde aufbaut: Wir überzeugen nicht durch Perfektion, sondern durch Glaubwürdigkeit! Formulierungen wie »*Jetzt wollen wir einmal sehen, wie ...*« oder »*Dazu muss man jedoch wissen, dass ...*« wirken nicht nur leicht schulmeisterlich,

sondern vermitteln eher die Atmosphäre eines Vortrags vor Lernenden als die einer Predigt. Auch durch solche Formulierungen schaffen wir Distanz, die verhindern kann, dass das Evangelium zu den Herzen der Zuhörer vordringt.

7. Der Gottesdienstbesucher und Predigthörer wird nicht wirklich persönlich berührt, weil der Prediger den Schwerpunkt auf *pragma* legt, *pathos* aber zu kurz kommt (vgl. Kap. 3., S. 33–34.): Das Vorgehen ist sehr sachorientiert, Gefühle bei den Hörern werden kaum geweckt, da der Predigende selbst kaum Gefühle zeigt; doch kann ich in der Versammlung nur das an Gefühlen wecken, das ich selbst in mir spüre **und** nach außen zeige – es allein in mir zu spüren reicht nicht aus, wenn man es mir nicht wirklich abspürt.

8. Vorrangig die linke, logisch orientierte Hirnhälfte wird angesprochen, die rechte Hemisphäre wartet vergeblich auf Bilder, Vorstellungen, Illustrationen und Assoziationen.

9. Der rechten Hemisphäre werden so viele treffende und wirkungsvolle Bilder geboten, dass sie sich in ihrer Wirkung gegenseitig überlagern und entwerten – der Zuhörer wird überfrachtet und schützt sich gegen diese Reizüberflutung durch »Abschalten«.

10. Der Hauptteil ist überlang, und die Spannungskurve reicht nicht bis zum Ende.

Schluss

Kündigen Sie den letzten Punkt, den Schluss unbedingt an!

Mit folgender Formulierung habe ich gute Erfahrungen gemacht: »*Abschließend fasse ich kurz zusammen!*« Das ist wie ein Ohrenöffner, nur dass Sie den einsetzen können, wenn die Aufmerksamkeit gegen Ende der Predigt oder des Redebeitrags schon wieder sinkt. Denn drei »Lustwörter« führen dazu, dass Ihre Zuhörer noch einmal alle Aufmerksamkeit bündeln: *abschließend*, das Ende naht, und das motiviert. *Kurz*, auch das ist ein Anreiz, noch einmal »durchzustarten«. *Zusammenfassen*, das ermöglicht dem Hörer, das Gesagte nochmals nachvollziehen zu können, auch die Punkte, die er vorher – aus welchen Gründen auch immer –

nicht ganz mitbekommen hat. Wenn Sie diesen Satz verwenden, sind Sie natürlich auch darauf festgelegt, bald zum Ende zu kommen ... Sagen Sie also erst dann, dass Sie »zum Schluss kommen«, wenn das Ende tatsächlich naht. Ansonsten nimmt man uns das übel, wenn wir es nur als Trick einsetzen, um die Aufmerksamkeit zu bündeln. Wenn der Satz gilt: **Der erste Eindruck ist entscheidend, der letzte bleibend!**, dann verzichten wir lieber im Hauptteil auf die eine oder andere Ausführung, bevor wir den Schluss weglassen. Denn Ihr Schluss ist die Zielgerade, in die Ihre gesamte Predigt einmündet. Hier laufen die einzelnen Pfade zusammen, hier werden die Kernaussagen noch einmal zusammengefasst, hier mündet alles in einen oder mehrere Impulse, die der Hörer mit nach Hause nimmt. Mit Ihrem Schluss entscheiden Sie, welche Gedanken der Hörer mit in seine neue Woche nimmt. Das, was Sie zum Schluss sagen, bleibt besonders im Gedächtnis haften. Im Idealfall hallt der letzte Satz im Ohr des Zuhörers nach, wird im Gedächtnis abgespeichert und bietet Gesprächsstoff für das anschließende Mittagessen.

In die Zusammenfassung im Schlussteil gehören ausschließlich Punkte, die Sie vorher angesprochen haben. Neue Gedanken haben hier nichts zu suchen!

Häufige **Fehler im Schlussteil einer Predigt** (aus der Sicht eines Predigthörers):

1. Aus Zeitmangel wird der Schluss stark gekürzt oder fällt ganz unter den Tisch.

2. Der Schluss wird laufend angekündigt, der Prediger hält jedoch dieses Versprechen nicht ein – er kommt nicht zum Ende. Für einen guten und wirkungsvollen Schluss gilt das Motto: Nicht kleckern, sondern klotzen!

3. Die Wirkkraft eines guten Schlusses wird dadurch vergeben, dass er die zuhörende Gemeinde plötzlich und unerwartet trifft. Deshalb: Schluss ankündigen!

4. In der Zusammenfassung werden Punkte genannt, die bis dahin in der gesamten Predigt nicht vorkamen.

5. Der abschließende Appell verliert seinen Appellcharakter durch sog. »Weichmacher« in den Formulierungen, z.B. »würde«, »könnte«, »vielleicht«, »eventuell«, »unter Umständen«, »möglicherweise«, »eigentlich« ...

6. Der abschließende Appell wirkt – im schlechtesten Falle gepaart mit einer erhobenen Stimme und erhobenem Zeigefinger – belehrend und besserwisserisch.

Rededauer

»Sie dürfen über alles reden – nur nicht über 20 Minuten!« Kennen Sie diesen Ausspruch? Ebenso wird heutzutage oft gesagt, eine Rede vor durchschnittlichem Publikum dürfe über 7 Minuten nicht hinausgehen. Diese Werte sind jedoch relativ. Weitestgehend hängt es von unserem Vermögen ab, mit der Sprache umzugehen und Menschen zu fesseln, sowie von der Aufnahmekapazität unserer Zuhörer. Es ist kein Geheimnis, dass man Leuten wie Adolf Hitler, Leonid Breschnew oder auch Franz Josef Strauß bis zu vier Stunden zugehört hat, ganz einfach deshalb, weil das, was sie sagten, die Menschen interessierte. Franz Josef Strauß schreibt in seinen »Erinnerungen«: *»Wenn das Thema geeignet ist und wenn die Menschen spüren, dass der Redner mit Leib und Seele hinter dem steht, was er sagt, sind sie bereit zum Zuhören. Wenn man eine Rede mit langweiligem Inhalt auch noch herunterhaspelt wie eine Koransure, geht die Aufmerksamkeit schnell verloren. Man muss seine Zuhörer ernst nehmen, dann kann man sie auch fordern. Ich sage meinem Publikum offen, dass eine angemessene und gründliche Behandlung des anstehenden Themas ihre Zeit braucht, was stets mit ermunternder Zustimmung aufgenommen wird.«*   [Zit. nach E. Wagner, S. 235]

Für Sie als jemanden, der mehr oder weniger häufig predigt, heißt das:

1. Die Thematik soll interessieren – und zwar nicht nur Sie selbst!
2. Der interessante Stoff soll interessant vorgetragen werden!
3. Dann können wir dem interessierten Publikum sagen: »Heute dauert es etwas länger; für eure längere Aufmerksamkeit bekommt ihr aber auch einen Gegenwert.«

> **Achtung: Nicht zu viel in eine zeitlich begrenzte Rede/
> Predigt hineinpacken – Kürzere Redezeit muss immer
> bedeuten: weniger Gedanken!**

Denn die Versuchung, der Gemeinde in kurzer Zeit so viel wie
möglich an eigenen Erkenntnissen mitzugeben, kenne ich aus
eigener Predigterfahrung auch. Jedoch gilt auch hier:
Weniger ist mehr!

Eberhard Wagner sagt in Bezug auf Predigten und Redezeit: »*Es
wird in Deutschland nicht zu lang gepredigt, sondern zu schlecht.
Reden Sie interessanter, und Sie können länger reden! Reden Sie
nachlässig, und Sie müssen nach fünf Minuten aufhören!*« [S. 234]
Wie bereits in vorhergehenden Kapiteln besprochen, können Sie
über den Blickkontakt zu den Zuhörenden in der Gemeinde auch
einen Eindruck darüber gewinnen, ob Sie bereits zu lange reden.
Nonverbale Signale der Unruhe können z.B. sein:

- Häufiges Hin- und Herrutschen auf dem Stuhl (wenn das
  vorher nicht der Fall war)
- Der regelmäßige Blick auf die Uhr
- Umherschauen im Gemeinderaum
- Blättern im Gemeindebrief, im Gottesdienstprogramm, Lieder-
  buch usw.
- Nonverbales oder verbales Seitengespräch
- Plötzlich veränderte Mimik und Gestik

Vorsicht ist gerade hier geboten, weil sich die eben genannten
körpersprachlichen Signale niemals (!) eindeutig interpretieren lassen; so können ein plötzliches Hin- und Herrutschen, eine spontan veränderte Mimik immer auch ein äußeres Zeichen von Betroffenheit sein. Jemand, der sich persönlich gerade zutiefst
angesprochen fühlt, mit voller Konzentration bei der Sache ist,
muss nach außen nicht unbedingt auch so wirken. Deshalb war-
ne ich vor zu schnellen Interpretationen, besonders der nonver-
balen Kommunikation. Es kann immer nur der Gesamteindruck,
die Summe einzelner Wahrnehmungen sein, die uns eine be-
stimmte Interpretation erlaubt.

Sollten Sie trotz guter Vorbereitung merken, dass Sie den ursprünglich angepeilten Zeitrahmen derart überschreiten, dass Sie handeln müssen, so kann folgender Schritt für kurze Entspannung bei Prediger und Hörern gleichermaßen sorgen: Sie zeigen durch eine Bemerkung – direkt oder indirekt –, dass Sie die Uhr im Blick haben, z.B.: »*Liebe Gemeinde, Sie merken schon, dieses Thema rührt an die Festen unserer Existenz – wie ich gerade feststelle, auch an die Festen Ihrer Geduld –, ich komme deshalb zum nächsten, unserem vorletzten Punkt ...*« Ich mache die Erfahrung, dass es die Hörer für einige Minuten beruhigt, wenn sie feststellen, dass Sie als Redner auch bemerkt haben, was die Stunde geschlagen hat. Allerdings dürfen wir uns auf diesem Polster nicht lange ausruhen, sondern müssen dann natürlich auch Taten folgen lassen (vgl. auch Kap. 4., S. 64).

Eine weitere Möglichkeit ist die, dass Sie den einen oder anderen Punkt im Hauptteil weglassen, ohne das an die »große Glocke zu hängen«. Niemand außer Ihnen weiß genau, was Sie im Einzelnen alles anzubringen gedachten und nun streichen. Wenn Sie in der Vorbereitung Ihren Redebeitrag nach *Muss*, *Soll* und *Kann* geordnet haben, wird Ihnen diese spontane Kürzung außerdem gut gelingen (vgl. Kap. 4., S. 52).

Tipps zur Strukturierung

Durch »Wegweiser« (Überleitungen) können Sie Ihre Redebeiträge strukturieren:

- **Aufzählung**: »*Ich komme nun zu Punkt 1.*« – »*So viel zum ersten Punkt. Ich komme jetzt zum zweiten Punkt.*«
- **Alternativen aufzeigen**: »*So weit zu den Vorteilen, nun zu den Nachteilen.*«
- **Neugier wecken**: »*Im nächsten Schritt werde ich euch etwas zeigen, worum euch viele eurer Mitmenschen ernsthaft beneiden werden.*«
- **Mit Fragen strukturieren**: »*Welche Auswirkungen hat nun unser Christsein auf das Zusammenleben mit unseren Mitmenschen?*«

- **Humor/Schock**: »*Letztes Jahr standen wir vor dem Abgrund. Dieses Jahr sind wir einen Schritt weiter.*«
- **Überleitung zum Schluss**: »*Ich komme jetzt zum besten Teil meiner Rede, dem Schluss.*«

- *Beispiele für Ohrenöffner*

  - Rhetorische Frage: »*Wer wünscht sich nicht, dass nach einer Fest- und Evangelisationswoche gemeindefremde Menschen in unseren Gottesdienst stürmen?*« Oder: »*Brauchen wir die Taufe für eine Mitgliedschaft?*« Oder: »*Wusstet ihr, dass nur noch 20 % aller 60-Jährigen in einem festen Arbeitsverhältnis stehen?*«

  - Behauptung: »*Um wieder glaubwürdig zu werden, um wieder mitreden zu dürfen bei den Problemen der Menschen, müssen die christlichen Kirchen Farbe bekennen, müssen unsere Gemeinden unmissverständlich Stellung beziehen. Der moderne Mensch schreit nach Wegweisung!*« Oder: »*Wenn uns diese Gemeindegruppe wichtig ist, dann brauchen wir umgehend neue Mitarbeiterinnen und Mitarbeiter.*«

  - Szenario entwickeln: »*Stellt euch vor, ihr solltet heute eurem Nachbarn erzählen, was euch in eurem Leben Halt gibt ...*« Oder: »*Stellen Sie sich vor, Sie wären in den Vorbereitungen auf ein großes Fest bei Ihnen zu Hause.*«

  - Provokation: »*Frauen zurück in die Familie!*«

  - Anekdote, Story, Witz: »*Wisst ihr, wie wir Ostfriesen die Energieversorgung sicherstellen?*«; »*Als ich heute Morgen meine Schuhe anziehen wollte, bemerkte ich in einem Schuh etwas Feuchtwarmes ...*« Oder: »*Spurgeon erzählte einmal, wie er eines Sonntags ...*«

  - Gemeinsamkeiten herausstellen: »*Vielleicht habt ihr euch auch schon insgeheim manchmal gefragt, was es euch eigentlich bringt, wenn ihr Mittwoch für Mittwoch mit einigen wenigen die ›Stellung haltet‹ in unserer Bibelstunde.*«

- Prolepsis (= Vorwegnahme von Gegenargumenten): »*Vermutlich haben sich einige unter Ihnen gefragt, was ich als katholischer Pfarrer Ihnen zum Thema Kindererziehung erzählen will.*« Oder: »*Vielleicht wundert ihr euch, dass eine Frau hier vorne steht, um zum Männerfrühstück einzuladen.*«

- Aktuelles Ereignis: »*Heute Morgen in den Nachrichten war es zu hören, ...*«

Unbedingt vermeiden:

- Entschuldigung am Anfang
- Umständlicher Einstieg
- Langatmigkeit

Denn: »Der erste Eindruck prägt ...«

- *Beispiele für Schluss-Sätze*

  - Auf den Anfang zurückkommen: »*Ich hoffe, euch davon überzeugt zu haben, dass wir als Gemeinde ...*«

  - Ausblick, Hoffnung: »*Wenn wir auf diesem Wege uns gegenseitig ermutigen, bin ich sicher, dass ...*«

  - Appell: »*Wenn ihr morgen früh an euren Arbeitsplatz zurückkehrt, dann fangt gleich damit an, eure Mitmenschen um euch herum ...*«

  - Humorvoll: »*Es gibt nichts Gutes, außer man tut es. Und deshalb mache ich jetzt Schluss.*« [nach Erich Kästner]

  - Spruch, Lebensweisheit: »*Wer kämpft, kann verlieren. Wer nicht kämpft, hat schon verloren. Deshalb lasst uns ...*«

Unbedingt vermeiden:

- **Schneller werden, um noch in der vorgegebenen Zeit fertig zu werden**
- **Neuen Punkt ansprechen**
- **Enden mit einer Frage** (unsere Zuhörer wollen unsere Meinung hören!)

- **Negativformulierungen** (»*Ich glaub´ zwar nicht, dass ich mit meinem Plädoyer etwas bewirkt habe, aber ...«; »Mehr hab´ ich euch nicht zu sagen«; »Ich hoffe, dass ich euch nicht zu sehr gelangweilt habe ...«; »Das wär´s.«*)

Denn: »... und der letzte Eindruck bleibt.«

- *Der Didaktische Fünfschritt (nach H. Fey)*
  1. »Reinfall« aus der Praxis
  2. Analyse
  3. Synthese
  4. Theorie/Abstraktion
  5. Praxis der Hörer

1. »Reinfall« aus der Praxis

Stellen Sie anschaulich und bildhaft eine konkrete Alltagssituation dar, die der Zuhörer aus seinem Leben kennt, mit der er sich identifizieren kann: Er »kennt das Problem«. Für dieses geschilderte »Problem« entwickeln Sie im Laufe der Rede, des Vortrags oder der Predigt die Lösung. Mit anderen Worten: Dieser Praxis(Rein)fall wird zur »Tür der Erkenntnis« für die Zuhörer.

»*Bitte stelle dir einmal folgende Situation vor: Eine Arbeitskollegin fragt dich eines Tages ganz unvermittelt, welche Vorteile du im Christsein siehst, was es dir bringt. Jetzt überlegst du fieberhaft unter Änderung deiner Gesichtsfarbe, wie du ihr das am besten verklickerst – währenddessen hämmern zwei Stimmen im Kopf auf dich ein: Eine säuselt mit Nachdruck: ›Zeugnis! Zeugnis, Junge! Los, sag´s ihr, lad sie zum Gottesdienst ein!‹ Die andere flüstert hämisch: ›Das versteht die sowieso nicht, die will dich bloß provozieren und in eine Debatte über Gott und die Welt verwickeln, mach dich jetzt nicht zum Gespött der gesamten Abteilung ...!‹ Ohne zu wissen, was du genau sagst, entweichen deinem verdutzten Mund stotternd einige Wortfetzen, als deine Kollegin mitleidig grinsend von ihrer Seite das Gespräch beendet ...«*

2. Analyse

In der Analysephase werfen Sie Fragen auf, und zwar am

konkreten Fallbeispiel aus der Praxis. Allmählich arbeiten Sie den Kern des Problems heraus, damit verbundene Fragestellungen ebenso wie darin enthaltene Schwierigkeiten.

»Was ist hier passiert? Eigentlich wolltest du in bester Absicht das vermitteln, wovon du so überzeugt bist, dass es dein Leben prägt. Warum hatte dies nicht geklappt? Ist diese deine Überzeugung nicht tief genug verwurzelt? Oder lag es daran, dass die Kollegin der Kirche distanziert gegenübersteht? Wie hättest du es ihr glaubwürdig und überzeugend erzählen können? ...«

3. Synthese

Wo Fragen aufgeworfen werden, brauchen wir Antworten. Im Wechsel zwischen Analysefragen und Antworten entwickeln Sie eine Lösung des Problems für den anfangs konkret geschilderten Einzelfall.

»Offensichtlich ist deine christliche Überzeugung so tief in dir verwurzelt, dass du den Draht zu kirchendistanzierten Menschen verloren hast. Du sprichst nicht mehr ihre Sprache, sie können mit dem ›frommen Kanaanäisch‹ nichts anfangen. Außerdem hast du dich vermutlich verkrampft, weil du meintest, sie unbedingt bekehren zu müssen – leider auf Kosten deiner Natürlichkeit. Außerdem stellst du fest, dass es gar nicht so einfach ist, anderen Menschen verständlich, natürlich und einladend von deinem Leben mit Jesus Christus zu erzählen ...«

4. Theorie/Abstraktion

Nun entwickeln Sie aus der Einzelfalllösung die Grundregel (Theorie), die über den Einzelfall hinaus für alle ähnlich gearteten Fälle gilt. Das tun Sie, indem Sie aus der Synthese, der konkreten Einzelfalllösung alles herausziehen (*abstrahere* = lat. für herausziehen), was allgemein gültig auch für andere Problemfälle derselben Gruppe gilt. Ziel ist, eine allgemein gültige Lösung (Theorie) für das eingangs geschilderte Problem zu finden.

»Deshalb lasst uns heute Abend darüber nachdenken, was eigentlich die Kernbotschaft unseres Glaubens ist: WAS haben wir mitzuteilen. Daneben geht es um das WIE – Wie bringe ich diese Botschaft an die Menschen? ... Für jedes Gespräch, das ich mit anderen über meinen Glauben führe, gilt ...«

5. Praxis der Hörer

Sie vollenden den Didaktischen Fünfschritt, indem Sie nun die Lösungstheorie transferfähig machen, das heißt, in die Praxis der Zuhörer zurückführen.

»Wenn ihr in Zukunft diese unbefriedigenden Situationen wie anfangs geschildert vermeiden wollt, dann achtet darauf, dass 1. ..., 2. ..., 3. ...«

Mit dem Didaktischen Fünfschritt hole ich die Zuhörenden du-zentriert dort ab, wo sie stehen, indem ich zunächst einmal die Fragen bei ihnen aufwerfe, die ich hinterher beantworten werde. Viele Redebeiträge sind nicht zuletzt deshalb so langweilig, weil ich Antworten bekomme auf Fragen, die ich nie gestellt habe.

Vom Manuskript zur freien Rede

Ein gutes und erprobtes Manuskript gibt Ihnen maximale Sicherheit. Versuchen Sie nicht, Manuskripte zu »verstecken«, das zieht viel mehr Aufmerksamkeit darauf. Manuskript und Spickzettel sind kein Widerspruch zur freien Rede – das entscheidende Kriterium ist, wie Sie mit diesen Hilfsmitteln umgehen!

- *Karteikarten-Methode*
  - Größe: DIN-A6
  - Nur einseitig beschriften
  - Alle Karten durchnummerieren
  - Auf jede Karte eine Überschrift
  - Groß und deutlich schreiben (muss aus 1 Meter Entfernung lesbar sein)
  - Keine Abkürzungen
  - Nur Stichworte
  - Verschiedene Kartenfarben für Muss-, Soll- und Kann-Karten
  - Extrakarte für den Schluss

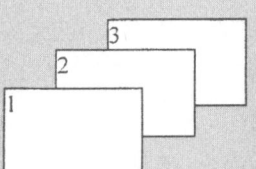

- *Tarzan-Methode (Hin- und herspringen möglich)*
    - Größe: DIN-A4
    - Nur einseitig beschriften
    - Alle Blätter durchnummerieren
    - Groß und deutlich schreiben (muss lesbar sein aus 1 Meter Entfernung)

	(X)
Stichwort	ausformulierte Sätze für Anfang, Ende und Notfälle
Stichwort	Regieanweisungen, Zitate, Daten etc.
. . .	. . .

- Keine Abkürzungen
- Links Stichworte, rechts ausformulierter Text
- Verschiedene Markierungen für Muss-, Soll- und Kann-Karten

Mit positiver Einstellung zum freien Reden

Wahrscheinlich hat jede(r) von uns schon erlebt, wie stark der destruktive Einfluss von negativen Selbstgesprächen in unserem Kopf auf die Redesituation sein kann. Je negativer meine inneren Monologe sind, desto größer die Wahrscheinlichkeit, dass sich die negativen »Prophezeiungen« auch erfüllen. Psychologen sprechen in diesem Zusammenhang auch von der »selbsterfüllenden Prophezeiung«: Ich rede mir vor der Rede/Predigt ein, ich könne gar nicht reden, sei schlecht vorbereitet und sei vor allen Dingen immer so unnatürlich stark aufgeregt, dass garantiert auch heute meine Ansage im Gottesdienst furchtbar in die Hose gehen wird. Mit der Einstellung gehe ich jetzt an die Sache heran und nehme selektiv all das wahr, was meinen Eindruck, meine Erwartungen bestätigt. Mit der Bestätigung kann ich mir sagen: »Siehste, habe ich dir doch gleich gesagt, das musste so kommen, ich kenne das schon von mir, das ist immer so!« Aus diesem Teufelskreis auszusteigen geht nur, wenn ich meine inneren Selbstgespräche und ihre Formulierungen kontrolliere und bewusst positiv gestalte:

Grundsätzlich gilt:

- 🔹 *»Ich kann reden!«*
- 🔹 *»Ich habe meinen Zuhörerinnen und Zuhörern etwas zu bieten!«*
- 🔹 *»Ich bin gut vorbereitet!«*

Kurz vor der Rede:

- 🔹 *»Ich freue mich, dass Sie da sind!«* (dabei lächeln)
- 🔹 *»Ich bin ganz für Sie da!«* (dabei lächeln)
- 🔹 *»Ich will meine Hörer davon überzeugen, dass ...«*
- 🔹 *»Ich will meinen Zuhörern helfen, dass sie ...«*
- 🔹 *»Ich will die Gemeinde davor warnen, dass ...«*

»*Ohne Botschaft kein Charisma!*« (Gudrun Fey)

Um überzeugend wirken zu können, brauchen wir ein gewisses Maß an Engagement, an Einsatz für die Sache. Das gelingt dann am ehesten, wenn wir ein Anliegen haben, das wir uns vorher bewusst machen.

Fragen sind positiv:

- 🔹 *»Fragen zeigen mir, dass die Hörer zugehört haben.«*
- 🔹 *»Fragen zeigen Interesse an meinem Thema.«*

Kriterienkatalog

🔹 *Persönliche Ausstrahlung:*

1. Haltung: verkrampft – natürlich?

2. Gestik: verkrampft – natürlich?

3. Mimik, Lächeln?

4. Sprechweise und Modulation:
   Sprechtempo: zu schnell/langsam – angemessen?
   Aussprache: undeutlich – deutlich?
   Pausen: zu wenig – angemessen?
   Sprachmelodie: monoton – engagiert?
   Lautstärke: zu laut/leise – angemessen?

🔹 *Kontakt zum Publikum:*

Blickkontakt:	Zu wenig/aufdringlich – angemessen?
Einbeziehung des Publikums:	Ja? Nein?
Rhetorischer Takt, »Fettnäpfchen«:	Fettnapf erwischt – Ja? Nein?

🔹 *Behandlung des Themas:*

Aufbau, »roter Faden«	
Anliegen/Zwecksatz/Absicht:	Erkennbar – Ja? Nein?
Gliederung:	Ja? Nein? Vorab explizit genannt?
Sprachlich strukturiert durch »Wegweiser«:	Ja? Nein?
Gewichtung der einzelnen Teile:	Angemessen?

Aufbau:	Logisch? Unlogisch?
Verhältnis Theorie – Praxis (Praxisbezug):	Gut? Schlecht?
Ohrenöffner:	Ja? Nein?
Argumentation überzeugend:	Ja? Nein?
Schluss-Satz; Schlussfolgerung, Fazit:	Klar? Unklar?
Umgang mit der Zeit:	Exakt? Zu lang oder viel zu kurz?
Visualisierung:	Anschaulich – nicht anschaulich?

➦ Sprache, Sprachgebrauch:

Verständlichkeit:	»Fachchinesisch« – gut verständlich?
Bildhafte Sprache:	Ja, angemessen – Nein ?
Satzbau:	»Bandwurmsätze« – »kurze Sätze«?
Füllwörter, Lieblingswörter:	Ja? Nein?
»Sprachliche Weichmacher«:	Zu viele – angemessen?

➦ Fragen; Verhalten in der Diskussion

Umgang mit Fragenden:	Interessiert und offen – unfreundlich und ablehnend?
Umgang mit Fragen:	Sicher und souverän – unsicher und aggressiv?

5. Schwierige Situationen meistern

Mit »Lampenfieber« zum Redeerfolg

Der Begriff »Lampenfieber«, ursprünglich aus der Schauspielerei kommend, bezeichnet eine vollkommen natürliche Reaktion, die jeder Mensch kennt und schon erlebt hat. In dieser Reaktion wird ein Alarm- bzw. Stressprogramm aktiviert, das immer dann ausgelöst wird,

- wenn wir uns bedroht fühlen oder
- wenn wir glauben, einer Situation nicht gewachsen zu sein.

Das heißt, Lampenfieber ist keine Angst vor dem Reden, sondern eine Angst vor den Menschen. Deshalb ist es nicht vor allen Menschen gleich stark.

- *Wovor fürchten wir uns eigentlich?*
    - uns zu blamieren
    - uns lächerlich zu machen
    - stecken zu bleiben, uns zu versprechen
    - die Hälfte zu vergessen
    - den eigenen Erwartungen nicht zu genügen
    - den guten Ruf in der Gemeinde zu ruinieren
    - vor Fachleuten, die mehr wissen, als man selbst
    - vor Ablehnung, Widerstand
    - zu wenig Stoff zu haben, zu früh fertig zu sein

Was ist das Gegenteil von Angst?

Nehmen wir unser Lampenfieber an, dann ist es halb so schlimm, denn: »Die Angst vor der Angst ist die Hälfte der Angst.«

Selbst *Marcus Tullius Cicero*, einer der größten Redner aller Zeiten, hat gestanden, Lampenfieber zu kennen: In seinen Schriften redet er davon, dass er Lampenfieber sogar braucht, dass man lieber gar nicht erst anfangen solle zu reden, falls man es nicht verspüre, denn eine Rede ohne Lampenfieber sei einschläfernd und wie »gemaltes Feuer«. Das Lampenfieber – richtig eingesetzt – nützt uns, denn es gibt uns zusätzliche Energie, die unsere Ausstrahlung stärkt. Ich bezeichne das Lampenfieber immer gerne als »Turbolader«, der sich im richtigen Moment einschaltet und mich zu Höchstleistungen befähigt. Sie kennen das aus dem Sport: Ein Adrenalinschub im richtigen Augenblick ist unverzichtbar, wenn wir Höchstleistungen erbringen wollen – auch eine Redesituation verlangt uns alles ab, wenn wir unser Bestes geben wollen. So braucht der Profi sein Lampenfieber, nur der Amateur fürchtet es. So kenne ich Schauspieler, die seit 30 Jahren auf den Bühnen der Welt stehen und die auf die Frage, ob sie denn auch noch manchmal Lampenfieber verspürten, antworten: »*Natürlich, immer. Wenn ich eines Tages kein Lampenfieber mehr haben sollte, dann weiß ich, es ist Zeit aufzuhören.*« Schauspieler, die mehrere Auftritte in einer Stadt auf derselben Bühne haben, machen sich künstlich gegenseitig Lampenfieber, wenn sie zu locker und gelassen sind – sie wissen, ohne ein gewisses Maß an Aufregung sind sie nie so gut, wie sie sein könnten. Das, was jene sich mühsam erarbeiten müssen, bekommen wir gratis frei Haus geliefert, ist doch toll, oder? Ich erlebe das immer wieder in der Theatergruppe unserer Gemeinde. Die Generalprobe kann gut und zufrieden stellend verlaufen sein, die Premiere und Uraufführung am Sonntagmorgen im Gottesdienst setzt zusätzliche, ungeahnte Energien frei, mit Hilfe derer wir noch einmal über uns hinauswachsen. Diese Energien stehen uns beim Üben in der Woche vorher nicht zur Verfügung, es fehlt das Lampenfieber angesichts des vollen Gottesdienstraumes. (Vermutlich sind Premieren deshalb so begehrt, weil ihnen der Ruf vorauseilt, besonders gelungene Vorstellungen zu sein ...)

Ganz ohne Lampenfieber sind wir nicht nur biologisch »auffällig«, wir stehen auch in der Gefahr, nachlässig in Vorbereitung und

Durchführung zu werden – wir geben nicht mehr unser Bestes. Lampenfieber zeigt mir auch immer, dass mein Gegenüber mich und die Sache ernst nimmt! Ich selbst werde an diesen Stellen natürlich häufig von Seminarteilnehmern gefragt: »*Sagen Sie mal ehrlich, Herr Brandt, Sie haben doch aber heute kein Lampenfieber gehabt, oder?*« Viele schauen mich dann ungläubig an, wenn ich zu meiner Aufregung stehe. Sie meinen, mit Erfahrung und Routine sinke das Lampenfieber, verschwinde irgendwann ganz. Für einige ist Lampenfieber sogar eine Schwäche, Ausdruck von Unsicherheit oder gar Inkompetenz. Ich selbst erlebe es jedoch als Notwendigkeit und staune nicht selten darüber, wie ich selbst in Zeiten starker körperlicher und seelischer Belastung über mich hinauszuwachsen scheine – ohne den Hormonschub wohl kaum denkbar! So sehr wir eine gewisse Routine benötigen, um gut zu reden, so stark ist die Gefahr, dass die Routine eines Tages das Lampenfieber ersetzt:

Gut, wenn Sie als Redner eine gewisse Routine haben, die Ihnen Sicherheit gibt! Schlecht, wenn Ihr Auftreten auf die Zuhörenden routiniert wirkt! Sie wissen ja: Perfektion schafft Distanz!

Wenn der Prediger nach dem Gottesdienst an der Eingangstür die Besucher verabschiedet und den Satz zu hören bekommt: »Na, lieber Bruder X, das haben Sie ja wieder routiniert gemacht!«, so ist das in meinen Ohren nicht als Kompliment zu verstehen. Aus diesem Grund haben die Redner der Antike sogar empfohlen, zu Beginn wenigstens etwas Aufregung und Befangenheit vorzutäuschen, wenn man es denn schon nicht tatsächlich bei sich verspüre ...

Je engagierter wir uns als Person einbringen, desto überzeugender wirken wir. Zu diesem starken persönlichen Engagement benötigen wir ein gesundes Maß an Lampenfieber. Wo das fehlt, wirken wir leicht überheblich, so, als würden wir gelangweilt unsere Pflicht erfüllen. So springt der Funke nicht über!

🔹 *Das Alarm- bzw. Stressprogramm*
löst drei unterschiedliche Reaktionen aus:

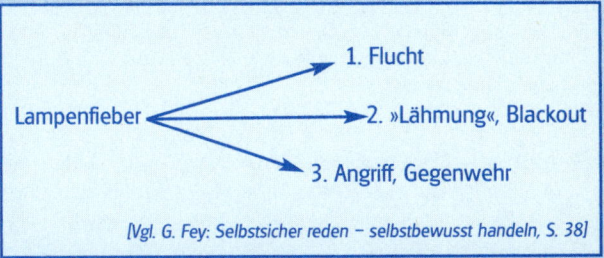

Lampenfieber
1. Flucht
2. »Lähmung«, Blackout
3. Angriff, Gegenwehr

[Vgl. G. Fey: Selbstsicher reden – selbstbewusst handeln, S. 38]

1. Maßnahmen gegen das Fluchtverhalten:

🔹 Das Fluchtverhalten lässt sich abtrainieren, wenn wir die Kunst der kleinen Schritte üben und aus unserer Feigheit keine Gewohnheit werden lassen.

🔹 Statt »Self-Fulfilling-Prophecy«: »Ich kann nicht«, ändern Sie Ihre Einstellung in: »Ich probier's mal.« – »Ich bin, ich kann, ich werde!« (Emile Coué)

🔹 Bereiten Sie vor, was sich vorbereiten lässt! Außerdem: Vorversprachlichen, irgendein Mensch wird sich finden lassen, dem Sie das Ganze schon einmal erzählen können, sonst nehmen Sie einen Baum oder einen Strauch, die sind sehr geduldig ...!

🔹 Nach Möglichkeit nehmen Sie einen Menschen mit, der Ihnen Sicherheit gibt und Ihr Selbstwertgefühl hebt. Suchen Sie sich im Hörerkreis Ihre »Augenweide«, einen Menschen, den Sie gerne anschauen, weil Sie ihm besonders vertrauen.

🔹 »*Worst-case-Szenario*«, das heißt, was kann mir im schlimmsten Fall passieren? Für diesen Fall treffen Sie dann Vorsorge. Außerdem merken Sie, dass selbst im *worst case* das Leben weitergeht ...

2. Vorbeugende Maßnahmen gegen »Lähmung« und »Blackouts«:

- Lockere, entspannte, aber aufrechte Körperhaltung.

- Spannung abbauen durch Bewegung: Setzen Sie Ihre Hände als »Blitzableiter« ein. Lampenfieber ist zusätzliche Energie (der »Turbo«) für Sie!

- Neben dem Einatmen auch aufs Ausatmen achten.

- Arbeiten Sie mit übersichtlich strukturierten Spickzetteln oder verwenden Sie »überdimensionale« Spickzettel wie Overheadfolien, Dias, Flipchart, Tafel, Pinnwand, Power-Point-Präsentation usw.

3. Das »Angriffsprogramm« sinnvoll einsetzen:

- Wir brauchen ein Anliegen, das größer ist als unsere Angst! Je größer unser Anliegen, desto überzeugender wirken wir!

- Machen Sie sich bewusst: Das Lampenfieber gibt Ihnen Energie, die Sie in Ihrem Anliegen unterstützt.

- Üben Sie zu Hause mit einer Zeitungsrolle, die Sie mit der Betonung der Silben unterstützend auf den Tisch schlagen – Sie werden staunen, wie selbstbewusst und stark Sie sich dabei fühlen.

- Festigen Sie Ihren Überzeugungswillen: »Ich bin, ich kann, ich will!«

- Denken Sie an Meister *Cicero*, der bereits die Erfahrung gemacht hat, dass eine Rede ohne Lampenfieber einschläfernd und »wie gemaltes Feuer« sein kann.

- Bereiten Sie sich mental vor, setzen Sie Visualisierungstechniken ein, indem Sie sich z.B. konkret vorstellen, wie das aussehen wird, wenn Sie wirkungsvoll und glaubwürdig vor die versammelte Gemeinde treten. Statt sich vorzustellen, wie und was alles schief gehen könnte, stellen Sie sich vor, was auf welche Weise gut und erfolgreich verlaufen wird.

- »Tue, was du fürchtest, und die Furcht stirbt einen sicheren Tod.« [Norman Vincent Peale]

> **Zusammengefasst die drei wichtigsten und effektivsten Mittel gegen das Lampenfieber:**
>
> **1. Eine gute, sorgfältige Vorbereitung**
>
> **2. Eine positive Einstellung**
>
> **3. Kontinuierliche Übung**

Noch ein »Trost«: Egal, wie stark Sie selbst Ihr Lampenfieber spüren – die Zuhörenden nehmen es in diesem Ausmaß niemals (!) wahr. Denn der größte Teil Ihrer Aufregung bleibt Ihr Geheimnis. Sie haben es vielleicht auch schon erlebt: Sie haben sich dazu durchgerungen, vor der versammelten Gemeinde eine etwas längere Ansage zu machen oder ein Zeugnis zu geben. Sie sind furchtbar aufgeregt, obwohl Sie gut vorbereitet sind und die Gemeinde doch eigentlich eine Art Zuhause für Sie ist. Während Sie reden, hämmert Ihr Herz, Ihnen wird heiß und kalt, die Knie zittern und Sie erkennen Ihre Stimme kaum wieder. Froh und erleichtert, es hinter sich gebracht zu haben, sagen Ihnen hinterher einige der Geschwister, dass sie Sie bewunderten für diese souveräne und doch so lockere Art und Weise, vor so vielen Menschen zu sprechen. Als Sie die Nervosität ins Spiel bringen, wird lächelnd abgewinkt – davon habe man doch kaum etwas gespürt. Meiner Erfahrung nach ist das nicht immer ein billiger Tröstungsversuch, sondern ein typisches Phänomen, vergleichbar mit einem Eisberg: Wir spüren den gesamten Eisberg und denken, alle anderen würden es ebenso spüren. Unsere Hörer sehen aber nur die kleine Spitze über der Wasseroberfläche – der größte Teil bleibt unter Wasser quasi unsichtbar. Und die kleinen Anzeichen von Lampenfieber, die sichtbar sind für unser »Publikum«, werden in der Regel für Bescheidenheit unsererseits gehalten und machen uns sympathisch.

Hilfen gegen Blackouts

➥ *Ihnen fehlt ein Wort:*

Sie unterbrechen sich und sagen:
»*Mit anderen Worten gesagt,
unsere Gemeinde wird in Zukunft ...*«
oder »*Einfacher ausgedrückt, ...*«

➥ *Ihnen fehlt die Überleitung:*

Sie wiederholen den letzten Gedanken und schließen dann ab
mit: »*So weit zu diesem Punkt. Ich komme jetzt zu ...*«

➥ *Sie haben Ihren »Faden« total verloren:*

- **➥** Zusammenfassung, Wiederholung, Nachtrag: »*Ich fasse
  zusammen*«; »*Verfolgen wir den Gedankengang noch
  einmal bis hierher ...*« oder »*Ergänzend zum vorherigen
  Punkt erlauben Sie mir ...*«

- **➥** Zugeben, ohne sich zu entschuldigen: »*Ihr Lieben, mir
  ist gerade der Faden gerissen, ich schau mal in meinen
  Unterlagen nach ...*«

- **➥** Die Hörer um Mithilfe bitten: Wenn Sie dabei selbstbewusst wirken, dann ist das kein Zeichen von Schwäche,
  sondern von Souveränität: »*Liebe Leute, ich habe gerade den Faden verloren, was war der letzte Punkt, den ich
  eben erwähnt habe?*«

- **➥** Humor ist, wenn Sie trotzdem lachen, denn Lachen ent-
  spannt und entkrampft die Situation: »*Na ja, ihr merkt
  schon, heute ist offensichtlich nicht mein Tag ...*«

- **➥** Ablenkungsmanöver:
  - – »*Haben Sie Fragen zu dem bisher Gesagten?*«
  - – »*Was geht euch zu dem bisher Gesagten durch den
    Kopf?*« (Klappt immer!)

- Zwischenthema ansprechen, das nur entfernt mit dem Vortrag zusammenhängt.
- Falls es zeitlich passt, machen Sie eine kurze Frischluftpause.
- Einen Schluck Wasser trinken, Fenster öffnen/schließen lassen, Licht an, Licht aus usw.

☛ Zum nächsten Punkt weitergehen: »*Doch will ich dieses Kapitel heute Abend nicht weiter vertiefen, sondern mit euch einen Blick werfen auf das spannende Thema XY*«

☛ »Notausstieg«: Sie beenden Ihren Redebeitrag vorzeitig mit Ihrem vorbereiteten Schlusssatz. Niemand außer Ihnen weiß, was Sie weggelassen haben!

Souverän umgehen mit Störungen, Fragen, Vorwürfen, persönlichen Angriffen

Das Wichtigste ist, dass Sie die Situation und die agierenden Personen immer ernst nehmen, egal, wie frech, streitsüchtig oder unpassend die Frage, der Vorwurf oder der Angriff auf Sie wirkt. Werden Sie selbst auf gar keinen Fall ironisch oder aggressiv – reagieren Sie gelassen! Machen Sie auf keinen Fall Witze auf Kosten anderer, sorgen Sie dafür, dass Ihr Gegenüber sein/ihr Gesicht wahren kann.

☛ *Umgang mit aggressiven Fragen:*

Statt zu versuchen, besonders schlagfertig zu sein, gewinnen Sie lieber Zeit, bis Ihnen eine gute Antwort eingefallen ist:

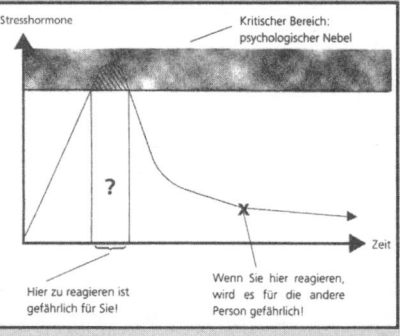

Stresshormone · Kritischer Bereich: psychologischer Nebel

?

Zeit

Hier zu reagieren ist gefährlich für Sie!

Wenn Sie hier reagieren, wird es für die andere Person gefährlich!

- Puffertechnik: »*Moment, Herr Z. ...*«
- Gegenfrage: »*Bitte erläutere deine Frage an einem Beispiel.*«
- Frage zurückgeben oder ans Plenum weitergeben.
- Frage wiederholen und/oder interpretieren: »*Verstehe ich dich richtig, du vermisst hier noch ...*«
- Frage überhören (wenn sie z.B. sehr unqualifiziert ist ...).
- Zugeben, dass ich die Antwort nicht weiß: »*Da bin ich im Moment überfragt.*«
- Die Frage als solche würdigen: »*Das ist eine sehr wichtige Frage, schön, dass die in unserem Zusammenhang hier kommt.*«
- Mut zur Überraschung – anders reagieren als erwartet: Sehr kurz: »*Ja.*« Oder sehr lang und ausführlich: »*Schon Martin Luther hat ...*«

- *Umgang mit Vorwürfen:*
  - Vorwurf überhören! Sie gehen nur auf die Sache selbst ein!
  - Wehren Sie sich gegen Verallgemeinerungen und Unterstellungen.
  - Humor entschärft. Ironie nie!

- *Umgang mit persönlichen Angriffen:*
  - Stehen Sie zu Ihrem Verhalten: »*Ja, in der Tat, hier rege ich mich auf, denn ich kann beim besten Willen nicht nachvollziehen, dass ...*«
  - Ich-Botschaft: »*Deine Anschuldigung macht mich betroffen.*« Oder: »*Ich bin menschlich enttäuscht darüber, wie wir hier in der Gemeinde miteinander umgehen.*«
  - Offenlegung der Taktik der anderen Person: »*Herr U., das ist ein persönlicher Angriff.*«

Das Sternmodell

Vier Reaktionsvermögen auf Vorwürfe

Zustimmung
- Ganz oder teilweise
- Verständnis zeigen
- Vorwürfe relativieren
- Entschuldigen
- Ggf. für Hinweis danken

Gegenwehr
- Vorwürfe zurückweisen
- Gegenfrage stellen
- Schlagfertige Reaktion
- Offenlegung der Taktik
- Andere Person disziplinieren
- »Wie bitte?«
- Um Konkretisierung bitten

»Flucht«/Verzögerung
- Zeit gewinnen: »Moment, ...«
- Verzögerungstaktik
- Die Situation verlassen, bis Sie sich wieder unter Kontrolle haben und dann eine der drei anderen Möglichkeiten wählen

Standhalten
- Sich selbst behaupten: »Ich ...«
- Nur auf den Inhalt eingehen
- Vorwurf überhören
- Auf anderes Thema ablenken
- Verwirrung stiften
- Wiederholungstechnik einsetzen
- Offenlassen: »Mag sein ...«
- »Schallplatte mit Sprung«
- Appell an Fairness

LIMO-Formel:

L ächeln/Loben:
»*Da haben Sie eine interessante Frage gestellt ...*«

I nteresse zeigen:
»*Sie meinen also, dass wir ...*«

M ängel nicht abstreiten:
»*Es ist tatsächlich vereinfacht dargestellt ...*«

O ffenheit zeigen:
»*Gut, dass Sie mir Ihr weiterführendes Interesse signalisieren – ich gehe also noch einen Schritt weiter und zeige Ihnen ...*«

[Vgl. Seminarunterlagen study & train; s. auch G. Fey: Gelassenheit siegt!]

Grußwort und Gesellschaftsrede aus dem Stegreif

Um solche Überraschungsmomente mit Anstand meistern zu können, verinnerlichen Sie folgende Tipps. Auch eine Struktur im Kopf zu haben, die Sie dann ad hoc zugrunde legen können, hat sich bewährt:

- Merkformel für den Aufbau einer kurzen Gesellschaftsrede: »An-Freu-Lo-Da-Hoff« (Anlass – Freude/Ehre – Lob/Würdigung – Dank/Urkunde/Geschenk – Hoffnung).

  [G. Fey: Selbstsicher reden, S. 165f]

- Dauer der Rede: ca. drei Minuten: »*Ein Grußwort soll nicht länger sein, als man auf einem Bein stehen kann.*«

- Schriftlich ausformulieren? Je formeller der Anlass, desto eher. Achtung: Spontaneität und Herzlichkeit gehen dabei leicht verloren!

- Wenn wir auf Wirkung sprechen, dann nicht mehr als 150 Wörter pro Minute.

- Formulieren Sie in Ihrem persönlichen Sprechstil!

- Keine Wiedergebrauchsrede halten, sondern stellen Sie den persönlichen Bezug zwischen sich und dem Anlass her. Zeigen Sie persönliche Betroffenheit! Flechten Sie eigene Erlebnisse ein und bringen Sie Einzelheiten, um die rechte Hirnhälfte zu aktivieren.

- Positiv formulieren, ohne zu lügen: »*Das Glas ist halb voll und nicht halb leer.*«

- Problematische Sachverhalte müssen nicht erwähnt werden!

- Lassen Sie unnötige Höflichkeitsfloskeln weg: »*Ich darf mir nun erlauben, Herrn X begrüßen zu dürfen ...*«

- Humor ja, z.B. auf eigene Kosten. Ironie nie! Denn unsere Glaubwürdigkeit leidet darunter, da der Hörer nicht weiß, *wie* wir etwas meinen. Viele verstehen Ironie nicht, manche wollen sie nicht verstehen. Außerdem werden wir meistens nur Menschen gegenüber ironisch, denen wir uns überlegen fühlen – sind wir bei den anderen zu feige ...?

6. Kleine Rhetorik
der besonderen Anlässe

Das Gemeindeleben fordert neben Kanzelreden auch Äußerungen auf Familienfeiern. Klärungen von Sachfragen stehen gelegentlich ebenso an wie Trost oder Gedenken. Darüber hinaus hat die Gemeinde auch ein internes gesellschaftliches Leben, in dem Mitarbeiterinnen und Mitarbeiter eingestellt, begrüßt und verabschiedet, in Aufgaben eingewiesen oder geehrt werden. Hier wird ein Grundstein gelegt, dort wird eröffnet, in Betrieb genommen und jubiliert. Auch Talkshows und Podiumsdiskussionen werden durchgeführt. Diese modernen Kommunikationsformen, die beachtliches Interesse finden, sind – nicht anstelle, sondern zusätzlich zur Predigt – durchaus zu empfehlen. Im Folgenden eine kleine Auswahl:

Die Festrede

Im Gegensatz zum Referat, das normalerweise einer gewissen Mindestform genügt, gibt es bei der Festrede zahllose Variationen. Trotzdem ist einiges zu beachten:

- Emotionen sind nicht nur erwünscht, sie sind erforderlich!
- Bezug zur Geschichte, denn entweder ist etwas geschehen, das in die Geschichte eingeht, oder es wird etwas gedacht, weil es bereits Geschichte geworden ist.
- Anlass des Festes muss Bestandteil der Rede sein!
- Eine Festrede ist zur Freude aller Anwesenden da! Deshalb keine Äußerungen, welche die Festfreude trüben können, z.B. Mahnungen, langweiliger geschichtlicher Überblick usw.
- Deshalb: Darstellung der Historie, versetzt mit netten, farbigen und mitunter lustigen Einlagen und Anekdoten (vgl. Kap. 2, Schwerpunkt Festrede: *delectare*).
- Beispielhaft und »hirngerecht« einige nett aufgemachte und als »herausgegriffen« gekennzeichnete Angaben machen, z.B.: »*Liebe Festgemeinde, mit den Arbeitsstunden der vielen*

*freiwilligen Helferinnen und Helfer in den vergangenen zwei
Jahren hätten wir einen Arbeitnehmer bei einer 38-Stunden-
Woche 13 Monate voll beschäftigen können. Dass wir einen
solchen nicht auch voll bezahlen mussten, haben wir ihnen
allen zu verdanken!«*

Das Grußwort

Ein sehr häufiger Redeanlass, ob
Dienstantritt, Begrüßung, Richtfest, Einweihung, Eröffnung, Verab-
schiedung, Jubiläum oder Ehrung. Grußworte sind gleichermaßen
gehasst und geliebt, einerseits leiden wir unter ihnen, andererseits
können wir aus Prestigegründen nicht einfach auf sie verzichten.
Sie bergen immer ein gewisses Risiko, denn man weiß nicht, was
ein Gast sagen wird, und, was noch schlimmer ist, man weiß
nicht, wie lange er reden wird ... Im Folgenden einige Tipps:

- Fassen Sie sich bewusst kurz! Damit überraschen Sie die
  Zuhörer garantiert positiv!

- Stellen Sie einmal kein Bibelwort voran. Zu groß ist die
  Gefahr, dass es nach »Pflichtübung« aussieht und nicht
  glaubwürdig rüberkommt. Wenn doch Bibelwort, dann nicht
  voran, sondern in die Mitte Ihrer Ausführungen!

- Halten Sie Ihr Grußwort sehr persönlich! Verhältnis zum Ange-
  redeten und die Wünsche, die Sie für ihn mitgebracht haben,
  gehören ebenso dazu wie das Angebot zu hilfreicher
  Gemeinschaft, gekoppelt mit einer Zukunftsperspektive.

- Nennen Sie die Kirche, in der Sie zu Gast sind, immer beim
  offiziellen Namen!

Die Begrüßung

Auf folgende **Fragen** erwartet man **Antworten** von Ihnen:

- **Wer** ist das, den ich begrüße?
- **Woher** kommt er/sie?
- **Wie kommt es,** dass er/sie gerade jetzt hier zu begrüßen ist?

- **Was wünschen wir** uns von dieser Person?
- **Was wünscht sie sich** von uns möglicherweise?
- **Was** könnten wir ihr **zusagen?**
- **Wie** könnten wir ihr **Mut machen?**
- Wie können wir durch diese Begrüßung bereits dafür sorgen, dass diese Person von den Zuhörenden angenommen wird?
- Wie kann diese Begrüßung aufgelockert, den Beteiligten ein Schmunzeln abgewonnen werden?

Das Dienstjubiläum

- Vor allem anderen: Rückblick!
- Wenn vorhanden, dann nennen Sie die Verdienste!
- Wünsche für die Zukunft des Gefeierten!
- Nichts, was Jubilar/Jubilarin in Verlegenheit bringen könnte!
- Mögliche Gliederung: Beginn mit der Gegenwart, dann in die Vergangenheit. Zum Schluss einige Sätze zur Zukunft (Mut machend!).
- Im Zweifelsfall das herausfinden, was sich lobend erwähnen lässt. Keine Beschönigungen, aber Unerfreuliches verschweigen!

Die Verabschiedung

Dem Jubiläum ähnlich, nur wird das Arbeitsverhältnis nicht fortgeführt. Wie bei der Jubiläumsansprache, so gilt auch hier:

- Kein Tadel! Keine Bloßstellung!
- Aber: Offensichtlichkeiten, deren Unterdrückung als Heuchelei wirkt, nicht völlig übergehen! Um der Glaubwürdigkeit willen kann es einmal nötig werden zu sagen: »*Wir hatten es nicht immer leicht miteinander*« oder »*Ihre liebenswerte und originelle Kratzbürstigkeit wird uns fehlen*« oder »*Wir haben uns aneinander reiben können – und das hat neben einem gewissen Reibungsverlust immer auch Energien freigesetzt, die wir dann gemeinsam genutzt haben ...*«

Die Tischrede

Alle gemeinsamen Mahlzeiten zu einem festlichen Anlass können Raum für eine Tischrede bieten, am häufigsten sind es Hochzeiten und Jubiläen jeder Art:

- Sorgen Sie zunächst für Ruhe im Raum, indem Sie sich erheben, mit einem Löffel an Ihr Glas oder Ihre Tasse klopfen und dann warten, bis Ruhe herrscht.

- Evtl. haben Sie Ihre Rede durch den Gastgeber vorher ankündigen lassen.

- Sorgen Sie für eine entspannte Atmosphäre, indem Sie sagen: »*Essen und trinken Sie gerne in Ruhe weiter; ich bitte Sie aber für einen Augenblick um Ihre Aufmerksamkeit.*«

- Falls Sie ein Manuskript benutzen, dann liegt es jetzt mit großer, aus dem Stand gut lesbarer Schrift vor Ihnen auf dem Tisch.

- Sind Sie gebeten worden, eine längere Rede zu halten, so fügen Sie hinzu: »*Der Gastgeber hat mich gebeten ...*« – das entlastet Sie, und dem Gastgeber nimmt man die Länge nicht übel!

- Jubilare oder Hochzeitspaar mit Namen ansprechen, dabei freundlich anschauen!

- Nennen Sie mit wenigen Worten, welche Beziehung Sie zum Gastgeber haben.

- Evtl. eine Anekdote (kurz!).

- Evtl. Ratschläge, z.B. an ein junges Paar – Vorsicht vor belehrenden, besserwisserischen Ratschlägen!

- Schluss der Tischrede: gute Wünsche, Segen.

- Die Tischrede muss, gerade im christlichen Rahmen, nicht mit Zutrinken enden, sondern könnte z.B. auch in folgenden Satz münden: »*Und wer sich meiner Meinung und meinen Wünschen für das Jubelpaar anschließen will, der mag es jetzt durch einen kräftigen Applaus für die beiden bestätigen!*«

Das Referat

Hier geht es um die thematische Abhandlung zur Klärung von Sachverhalten. Zielsetzungen sind Information, Verständnis und Meinungsbildung bei den Hörern – idealerweise ihr Engagement. Im Gegensatz zur Predigt ist das Ziel eines Referats weder Zuspruch noch Anspruch, weder Zeugnis noch Bekenntnis zu einer Person, einer Gruppe oder Sache. Deshalb:

- Keine emotionalen Behauptungen!
- Keine Ereiferungen!
- Keine persönliche Bedrängung der Zuhörer, keine Angriffe!
- Keine plumpe Vertraulichkeit!
- Anschaulichkeit – wie bei jeder Rede – wünschenswert! Z.B. durch Hilfsmittel, die der Verdeutlichung, Übersicht und Meinungsbildung dienen: Ton-, Bildaufnahmen, Tafeln. Üblich ist das Verteilen von Unterlagen.
- An- oder Zwischenspiele (vgl. evangelistische Veranstaltungen) passen meist nicht zum Charakter des Referats (s.o.).
- Ordnen Sie den Stoff des Referats in die Geschichte und den gegenwärtigen Stand von Forschung und Erkenntnis ein; beziehen Sie ihn auf das moderne Leben!
- Verweise auf Quellen und Veröffentlichungen wie in einem wissenschaftlichen Buch, allerdings nicht mit Einzelangaben (Auflage/Jahr/Seitenzahl) – stattdessen Angebot näherer mündlicher oder schriftlicher Auskunft nach der Veranstaltung.

Aufbau:

- Dank für die Einladung
- Erklärung, wie Sie zu der Thematik gekommen sind und seit wann Sie sich mit der Materie beschäftigen
- Methode darlegen, Stoff eingrenzen, notfalls Sachgebiete ausgrenzen, Ziel des Referats nennen, ohne die Spannung vorwegzunehmen

- Behandlung des Themas in logisch aufeinander folgenden Punkten
- Schluss: abrundende und auswertende Zusammenfassung mit persönlicher Stellungnahme
- Dank für die Aufmerksamkeit, Überleitung zur Diskussion/ Fragerunde (vgl. Kap. 4.: Der Didaktische Fünfschritt eignet sich hervorragend als Gliederung für den Hauptteil des Referats)

Die Talkshow

Durch dieses zeitgemäße Kommunikationsmittel können wir Menschen auf lockere und sympathische Weise mit Überlegungen bekannt machen, die sich diese Leute in einer herkömmlichen Predigt nicht anhören würden. Das Geheimnis der Talkshow in der Gemeindearbeit liegt darin, dass durch das Interesse, das der Befragte erregt, Interesse für eine gute Sache entsteht. Das Interesse für die befragten Personen transportiert quasi das Interesse für die Botschaft.

Voraussetzungen:

- Befragte sind Menschen, die etwas zu sagen haben und die auch wissen, was sie sagen.
- Interessante Menschen, die etwas erlebt haben.
- Bescheidene Menschen, die die Veranstaltung nicht missbrauchen, um sich wichtig zu machen.
- Geschickte(r) Interviewer.
- Beide Seiten kennen sich zumindest so gut, dass sie vor unliebsamen Überraschungen sicher sind.

Tipps zur Durchführung:

- Neutralen Saal wählen, z.B. Hotel, Bürgerhaus.
- Eine richtige Bühne aufbauen und diese beleuchten, so dass die Sprechenden gut gesehen, aber nicht selbst geblendet werden.

- Im Saal Tische, um die sich die Gäste setzen.

- Getränke und evtl. auch Speisen anbieten.

- Scheuen Sie sich nicht, für Ihre Leistungen Geld zu kassieren. Legen Sie nett gestaltete Getränke- und Speisenkarten aus.

- Dezente, einfühlsame musikalische Umrahmung (nicht konzertmäßig!).

- Begrüßen Sie Ihre Gäste freundlich.

- Stellen Sie als Interviewer Ihre Gäste vor, indem Sie an diese Fragen zur Person richten.

- Damit der Talk echt wirkt, sprechen Sie in der Vorbereitung nur die groben Umrisse der Themen ab.

- Lassen Sie das Gespräch so verlaufen, dass auch Sie selbst noch echte Überraschungen erleben.

- Vermeiden Sie Konfrontationen. Bestehen Sie nicht auf Antworten, die Ihr Gegenüber offensichtlich nicht zu geben bereit ist.

- Überbrücken Sie peinliche Momente, indem Sie ein ganz neues Thema beginnen. Spielen Sie den Ball zu, wenn Ihr/e Gesprächspartner/in den Faden verloren hat. Lassen Sie nicht ohne weiteres Fragen aus dem Publikum zu! Verweisen Sie stattdessen auf die Möglichkeit, nach der Veranstaltung noch in Ruhe miteinander reden zu können.

- Auch wenn es spannend ist – Sie halten die gesetzte Redezeit ein.

- Einseitig positive Antworten auf Fragen nach dem Leben des oder der Befragten erwecken leicht den Eindruck einer »heilen Welt«. Haken Sie als befragende Person nach, denn es verunsichert die Zuhörenden, wenn nicht genügend nach Einzelheiten und Begründungen gefragt wird. Im schlimmsten Fall wird die befragte Person unglaubwürdig.

[Meine Ausführungen in Kap. 6 sind angelehnt an E. Wagner, Rhetorik, S. 68ff.]

7. Wie Sie »am Ball bleiben« können – der Weg zu Ihrem Ziel

➤ Um das Gelesene zu vertiefen, gehen Sie das Büchlein noch einmal durch, denken Sie insbesondere über die von Ihnen markierten Stellen und über Ihre Anmerkungen nach. Fragen Sie sich nach jedem Kapitel: Was war daran für mich wichtig?

➤ Warten Sie nicht, bis Sie jemand bittet, einen Redebeitrag zu halten. Ergreifen Sie selbst die Initiative. Suchen und schaffen Sie Gelegenheiten, selbst das Wort zu ergreifen. Sie wissen ja, Übung macht den Meister! Gelegenheiten gibt's genug:

➤ ein Seminar mit Übungsmöglichkeiten besuchen,

➤ gezielt andere Rednerinnen und Redner analysieren, um das Gelernte wach zu halten und so zu vertiefen,

➤ ergreifen Sie die Initiative, wenn es darum geht, Arbeitsergebnisse Ihrer Arbeitsgruppe oder Abteilung vorzustellen, oder halten Sie einen Vortrag auf einer Messe,

➤ nutzen Sie jede Gelegenheit, bei gesellschaftlichen Anlässen (Geburtstage, Hochzeiten, Jubiläen) ein paar nette Worte zu sagen. Welche privaten Feste stehen im nächsten halben Jahr an?

Bei allen Überlegungen, auf welche Weise wir im Gemeindeleben wirkungsvoll und glaubwürdig reden und auftreten können, dürfen wir eines nie aus den Augen verlieren: Das Ziel eines christlichen Redners und Predigers darf nie *ausschließlich* die gute Wirkung sein. Letztlich geht es um ein Ziel, die Wirkung des Heiligen Geistes! Ich hoffe, dass Sie mit diesem Büchlein einige Anregungen und Impulse dafür bekommen haben, wie unser – wenn auch bescheidener – Beitrag zum Gelingen dieses Vorhabens aus rhetorischer Perspektive aussehen kann, und wünsche Ihnen viel Erfolg bei der Umsetzung!